学びが深まる

ソーシャルワーク演習
実践編

「学びが深まるソーシャルワーク演習」編集委員会
[編]

ミネルヴァ書房

まえがき

　将来の仕事としてソーシャルワーカーをめざしている学生の多くは，社会福祉士の受験資格が取得できる社会福祉士養成校（大学や専門学校等）で学んでいます。受験資格の取得には「ソーシャルワーク演習」(30時間)と「ソーシャルワーク演習（専門）」(120時間)が必修科目となっており，この科目のテキストとして我々編集委員会では，2015（平成27）年3月に『はじめての相談援助演習』を刊行しました。

　2018（平成30）年3月に社会保障審議会から「ソーシャルワーク専門職である社会福祉士に求められる新たな役割等について」が公表されましたが，そのポイントは，①地域住民等とも協働しつつ多職種と連携しながら，生活課題を抱えた個人や世帯への包括的な支援を行う，②顕在化していない生活課題への対応をする，③ソーシャルワークの機能を発揮し，地域の福祉ニーズを把握し，既存の社会資源の活用や開発を行う，でした。そして，このような社会福祉士を養成するために養成課程における「ソーシャルワーク演習」の新たな授業内容が，2020（令和2）年に示されました。

　そこで編集委員会では新カリキュラムに則したテキストの見直しを行い，2021（令和3）年3月に『学びが深まるソーシャルワーク演習』を刊行しました。しかし，見直し作業の時間が短かったこともあり，「ソーシャルワーク演習」(30時間)と「ソーシャルワーク演習（専門）」の120時間の前半60時間分にあたる演習例は掲載できましたが，後半60時間分の演習例については前半箇所のような展開過程にもとづいたものを示すことができませんでした。

　社会福祉士養成校の多くは2021（令和3）年度入学生から新カリキュラムが適用されたことから，「ソーシャルワーク演習（専門）」の後半60時間分の

テキストとして間に合うよう編集委員会で検討したものが，本書『学びが深まるソーシャルワーク演習　実践編』です。

　本書は既に刊行している『学びが深まるソーシャルワーク演習』と授業の展開過程の様式も統一しており，令和2年3月6日付け元文科高第1122号・厚生労働省発社援0306第23号文部科学省高等教育局長及び厚生労働省社会・援護局長通知「大学等において開講する社会福祉に関する科目の確認に係る指針について」（以下，厚生労働省通知）の「ソーシャルワーク演習」と「ソーシャルワーク演習（専門)」の「教育に含むべき事項」を網羅していますので，2冊一緒に活用していただければ幸いです。

　　2023年3月

「学びが深まるソーシャルワーク演習」

編集委員会代表　渋谷　哲

本書の活用方法

（1）2021年度施行の社会福祉士養成課程の新カリキュラム

1）教育カリキュラムの見直し

　2020（令和2）年に社会福祉士養成課程における教育カリキュラムの見直しが行われ，従来の科目「相談援助演習」については次の2点が変更された。

　一つめは科目名の変更であり，「相談援助演習」は「ソーシャルワーク演習」へと変更され，社会福祉士および精神保健福祉士の共通科目「ソーシャルワーク演習」（30時間）と，社会福祉士の専門科目「ソーシャルワーク演習（専門）」（120時間）の2科目に分かれた。

　二つめは，2科目に分かれたことにより，それぞれの科目の「ねらい」が追加されたことと，「教育に含むべき事項」に具体的な項目や内容が示されたことである。

2）共通科目「ソーシャルワーク演習」の「ねらい」

　共通科目では，次の4つの「ねらい」が示された。

①　ソーシャルワークの知識と技術に係る他の科目との関連性を踏まえ，社会福祉士及び精神保健福祉士として求められる基礎的な能力を涵養する。

②　ソーシャルワークの価値規範と倫理を実践的に理解する。

③　ソーシャルワークの実践に必要なコミュニケーション能力を養う。

④　ソーシャルワークの展開過程において用いられる，知識と技術を実践的に理解する。

3）専門科目「ソーシャルワーク演習（専門）」の「ねらい」

専門科目では，次の7つの「ねらい」が示された。

① ソーシャルワークの実践に必要な知識と技術の統合を行い，専門的援助技術として概念化し理論化し体系立てていくことができる能力を習得する。

② 社会福祉士に求められるソーシャルワークの価値規範を理解し，倫理的な判断能力を養う。

③ 支援を必要とする人を中心とした分野横断的な総合的かつ包括的な支援について実践的に理解する。

④ 地域の特性や課題を把握し解決するための，地域アセスメントや評価等の仕組みを実践的に理解する。

⑤ ミクロ・メゾ・マクロレベルにおけるソーシャルワークの対象と展開過程，実践モデルとアプローチについて実践的に理解する。

⑥ 実習を通じて体験した事例について，事例検討や事例研究を実際に行い，その意義や方法を具体的に理解する。

⑦ 実践の質の向上を図るため，スーパービジョンについて体験的に理解する。

（2）本書で学ぶ演習の内容

1）第Ⅰ部　地域を基盤としたソーシャルワーク

厚生労働省通知の「ソーシャルワーク演習（専門）」の「教育に含むべき事項」ソーシャルワーク実習前に行うことの④を網羅している。特に①に例示されている災害の事例から，地域住民に対するニーズ把握や社会資源の開発の方法を演習から学ぶ。

第1章　地域住民に対するニーズ把握──被災した家族への支援から考える

　災害発生直後の場面から始まる。震災で死亡したクライエントの夫，災害前から認知症の義母，ひきこもりの子ども，そして，災害をきっかけにクライエントが精神的に不安定な状態になるという複合した生活問題を抱える世帯の事例を設定し，演習からソーシャルワークの展開とニーズ把握の方法を学ぶ。

第2章　個と地域の一体的支援

　養成校所在地の市区町村，中学校区を題材として，住民の生活問題と課題，地域の問題と課題を把握し，そこから地域アセスメントの方法を演習から学ぶ。また，地域福祉計画の策定方法と内容を学ぶ。

第3章　社会資源の開発

　SOSを発信することは難しいが，何らかの支援を必要とする方からの相談をきっかけに，社会福祉協議会が中心となり，自立支援協議会メンバーと一緒に，ひきこもり家族を支援するための社会資源開発の過程を設定し，社会資源の開発・組織化をしていく過程を演習から学ぶ。

　2）第Ⅱ部　ソーシャルワークアプローチと事例検討

第4章　ソーシャルワークの価値と倫理を学ぶ

　厚生労働省通知の「ソーシャルワーク演習（専門）」の「教育に含むべき事項」ソーシャルワーク実習前に行うことの①〜③を網羅している。特に①に例示されている複合的な課題を，ソーシャルワーカーとしての権利擁護の観点から，どのような課題として認識して支援計画を作成するのかを演習から学ぶ。

第5章　事例を活用したソーシャルワークアプローチの試行

　厚生労働省通知の「ソーシャルワーク演習（専門）」の「教育に含むべき事項」ソーシャルワーク実習前に行うことの①〜③を網羅している。特に「ソーシャルワークの理論と方法」等の授業で学んだアプローチを，実践にどのように関連づけるかを演習から学ぶ。

第6章　実習体験をもとにした演習

　厚生労働省通知の「ソーシャルワーク演習（専門）」の「教育に含むべき
事項」ソーシャルワーク実習後に行うことの①②を網羅している。「ソーシ
ャルワーク実習」での体験をもとに，自験事例の作成を試みるとともに，事
例検討の作法を体験的に演習から学ぶ。なお，第6章の冒頭には演習を補う
ために「実習体験の振り返りと事例検討の活用──第6章を学ぶにあたっ
て」の説明文を掲載している。

（3）刊行済および本書を活用した授業例

　刊行済の『学びが深まるソーシャルワーク演習』，および本書『学びが深
まるソーシャルワーク演習　実践編』での授業例を紹介するとともに，新教
育カリキュラムの「ねらい」に該当する箇所を示したい。

　なお，ソーシャルワーク実習（210時間）が「ソーシャルワーク演習Ⅴ」の
授業前に終了していると想定している。

1）科目名「ソーシャルワーク演習Ⅰ」

　　①　該当科目：共通科目「ソーシャルワーク演習」（30時間）に該当
　　②　授業回数：15回（30時間）
　　③　授業例：刊行済『学びが深まるソーシャルワーク演習』第2章1〜
　　　　15
　　④　ねらい：共通科目「ソーシャルワーク演習」の①②③④

2）科目名「ソーシャルワーク演習Ⅱ」

　　①　該当科目：専門科目「ソーシャルワーク演習」（30時間）に該当
　　②　授業回数：15回（30時間）

③　授業例：刊行済『学びが深まるソーシャルワーク演習』第3章1～15

④　ねらい：専門科目「ソーシャルワーク演習」の①②⑤

3）科目名「ソーシャルワーク演習Ⅲ」

①　該当科目：専門科目「ソーシャルワーク演習」（30時間）に該当

②　授業回数：15回（30時間）

③　授業例：刊行済『学びが深まるソーシャルワーク演習』第4章1～15

④　ねらい：専門科目「ソーシャルワーク演習」の①②③⑤

4）科目名「ソーシャルワーク演習Ⅳ」

①　該当科目：専門科目「ソーシャルワーク演習」（30時間）に該当

②　授業回数：15回（30時間）

③　授業例：本書『同 実践編』第Ⅰ部1～15

④　ねらい：専門科目「ソーシャルワーク演習」の①②③④

5）科目名「ソーシャルワーク演習Ⅴ」

①　該当科目：専門科目「ソーシャルワーク演習」（30時間）に該当

②　授業回数：15回（30時間）

③　授業例：本書『同 実践編』第Ⅱ部1～15

④　ねらい：専門科目「ソーシャルワーク演習」の①②③⑤⑥⑦

なお,「ソーシャルワーク演習Ⅴ」は刊行済の『学びが深まるソーシャルワーク演習』を活用しても，次のように演習は展開できる。

　　授業1〜8回：刊行済『学びが深まるソーシャルワーク演習』第6章1
　　　　　　　　〜8
　　授業9〜15回：刊行済『学びが深まるソーシャルワーク演習』第5章3

目　　次

第Ⅰ部　地域を基盤としたソーシャルワーク

<table>
<tr><td>第1章</td><td>地域住民に対するニーズ把握
──被災した家族への支援から考える</td></tr>
</table>

1 災害直後の医療機関──MSW の役割（演習1）

（1）演習の目的と内容

1）演習の目的

　日本は大規模地震も多く，台風による風水害も繰り返されるなど災害が多い国です。大規模災害時は各個人，家族が深刻な危機にさらされるだけではなく，地域全体が危機に見舞われます。また，大規模地震では多くの人が一定期間を避難所で生活することもあり，避難所が一つの地域として現れることがあります。そのような状況下では避難所を地域と想定した支援が必要になります。

　避難所における支援でも最終的な支援の焦点は個人や家族となりますが，避難所全体への支援と個人や家族への支援が，密接につながり合っている場面でのソーシャルワークとなります。そのような場面を想定した演習から，ミクロレベルとメゾレベルでの支援を統合したソーシャルワークの実践を学ぶことが目的です。

2）演習の内容

　大規模災害により個人や家族の対処能力を大幅に超える困難が発生し，さらに避難所生活による困難も加わった状況を想定し，その場面でのソーシャルワーカーが行うべき支援について考えます。

　この状況下では個人や家族は大きな困難に襲われていますが，他の地域住民も大きな困難に襲われています。当然，焦点となっている個人や家族を対

象とした支援は考えますが，それだけを対象とした支援では明らかに不足で，避難所の運営といった課題も現れてきます。多様な問題を同時に考察しつつ必要な支援を考えていきます。

3）この演習を体験するにあたって──演習への参加の仕方

支援の対象者としては震災被災者を想定しています。まず，震災が起きたときにどのような被害が出るのか，都道府県や市区町村の防災計画などを参照して，居住地で想定されている大規模地震（東京圏であれば首都直下地震など）の被害想定を確認しておきましょう。

大規模災害時に起きる困難については，インターネット上に非常に多くの記事や動画が掲載されていますし，多数の書籍も発行されています。それらから災害時の困難や被災者の思いなどを探って演習に臨んでください。

4）演習にあたっての事前学習

大規模災害の被災者になった時に冷静かつ適切に対処できる人は稀で，多くの人は「途方に暮れる」といった状態になるでしょう。そのような，対象者が有している対処能力を大幅に超えた困難にさらされた状況を，ソーシャルワークの支援モデルでは「危機」と捉えており，「危機」の状態にある人を支援するモデルとして「危機介入アプローチ」が示されています。事前学習として「危機介入アプローチ」の概要を確認しておきましょう。

（2）演習の進め方

```
──── 事　例 ────

①　吉田さん世帯──A市B地区に居住。
 ・吉田和子さん：73歳。信行さんの母。脳血管性認知症（軽度），記憶障害
　　　　　　　　 がある，感情失禁，易怒性。元小学校教諭，年金月額18万
　　　　　　　　 円。
 ・吉田信行さん：45歳。春美さんの夫。隆夫さん・和子さんの長男。今回の
　　　　　　　　 震災で死亡。地元の中堅企業で事務職に従事していた。
 ・吉田春美さん：42歳。信行さんの妻。コンビニでパート勤務。
```

・吉田有沙さん：13歳。中学2年生。不登校。

・吉田力也さん：7歳。小学1年生。授業中落ち着きがないといわれている。

・吉田隆夫さん：信行さんの父。5年前に死亡。元中学校教諭。

② 地域の状況

・A市は人口10万人規模の市。吉田さん世帯が居住するB地区は，中心部からやや離れた集落で，周辺には田畑や果樹園が多い。

・古くから住んでいる住民が多く，住民同士のつながりが比較的よく保たれている。

・町内会もよく機能していて，夏祭りや防災訓練，神社の例大祭などの地域行事には多数の住民が参加している。

・若者の定着率はやや低く，地域の人口は減少傾向にあり，地区全体の高齢化率は35％を超えている。

・地区内や周辺地域に小中学校，商店，医療機関などがあり，基本的な社会インフラは日常生活圏域内に概ね存在している。

③ 発災時の状況

　6月3日午前7時頃に震度6強の地震に襲われ，築35年の木造モルタル造り2階建の家屋の1階部分が潰れてしまった。1階にいた信行さんは家屋の下敷きになり，午前10時頃に救出され，救急隊により自宅から2㎞ほど離れた中規模（150床）の総合病院に搬送された。他の家族は2階にいて，打撲や擦り傷などの軽傷は負ったものの大きなケガはない。

　信行さんが救出された後，春美さんは病院に付き添い，和子さんと子どもたちはB地区の避難所に指定されていた小学校の体育館に避難した。避難所では近所の人たちが助けてくれ，とりあえず避難所内での居場所は確保できた。

　救出時には信行さんの意識はあったが，病院到着後まもなく死亡した（内臓損傷による失血死。死亡確認時刻午前11時30分）。病院に付き添った春美さんは夫の死を告げられて呆然としてしまった。次から次に患者が運ばれて来るため医療者も慌ただしく動いていて，自分がどうしたら良いのか分からなくなり，たまたま目の前を通りかかった病院職員に，「夫が死んでしまい，これからどうしたらよいのでしょうか」と声をかけた。その人はこの病院の医療ソーシャルワーカー（以下，MSW）であった。

④　家族の状況

　春美さんは短大保育科を卒業後に保育所の保育士として勤務したが，27歳の時に結婚して退職した。元々は明るく気さくな人柄。教育費がかかるようになってきたので，半年前からコンビニでのパート勤務を始めた。

　信行さんは大学卒業後，地元の食品加工会社（中堅企業）で事務職として勤務してきた。夫婦関係は良好だった。

　和子さんは元小学校教員（市立小学校）で，60歳まで勤務していた。3年前に脳梗塞を起こし，左半身に軽度の麻痺が残っている。ADLは自立しており日常生活に大きな支障はないが，細かな作業がうまくできずにイライラしていることがよくある。物忘れも目立ち，軽度の認知症だと思われる。感情の起伏が激しく，怒りっぽく涙もろい。

　有沙さんは中学2年生になってまもなく不登校となった。家族とは話ができているが，学校には行っていない。本人の話では担任の先生がイヤだとのこと。中学1年時は皆勤で通学しており，学業成績は概ね良好だった。

　力也さんは活発な男の子であるが，小学校の担任の先生からは「授業中に落ち着きがない」と言われている。授業中に周囲の友達に話しかけ，ノートに落書きをしていることがあるとのこと。幼稚園に通っていた（2年間）時には，特に問題を指摘されたことはなかった。

1）グループ討議

①　5〜6人のグループを作ります。事例を読み，春美さんの心情をグループで推察してください。待合室で待っていた時はどのような思いだったでしょうか。その後，信行さんの死亡を告げられた時には，どのような思いを抱いたでしょうか。自宅は全壊しているし，周りを見渡せば地域全体に被害が広がっています。

②　春美さんが病院のMSWに声を掛けた場面で，MSWとしてどのように対応すべきかをグループで検討してください。なお，病院には次々と負傷者が運ばれてきていて，トリアージが行われ，他にも対応が必要な人が多数います。余震も続いていますし全職員が慌ただしく動いている状況です。

2）ロールプレイ

① 　グループでの検討を踏まえて，春美さんが MSW に声を掛けた場面以降のロールプレイを行います。2 人一組になり，春美さん役と MSW 役を決めてください。MSW は病院のロビーで声を掛けられているので，立ち上がって話を始めてください。終わったら役を交代します。

② 　グループでロールプレイを振り返り，春美さんに必要な支援，面接の内容，面接技術について検討します。

（3）体験の考察

　ロールプレイの結果はどうだったでしょうか。MSW が春美さんから声を掛けられた場面では，他に対応すべき人が多数いることから，十分な時間をかけた面接は不可能でしょう。また，避難所には春美さんの帰りを待っている家族がいるため，春美さんはできるだけ早く避難所に向かう必要があります。そのような短時間の関わりの中でも，春美さんが「助けられた」と感じられる面接が求められます。

　大きな困難や苦しみに直面した時に，人は助けを求めます。その助けに応えようとすることがソーシャルワークの最も深い土台・基礎でしょう。困難や苦しみに直面した人は，「助けてもらえた」と感じることでエンパワメントされていきます。具体的な指示やアドバイス，提案も必要ですが，それと同時に「助けられた」と感じてもらうことが重要になります。想像したくないことですが，春美さんが「見捨てられた」と感じてしまったら，春美さんは非常に深刻なダメージを負うことになるでしょう。それはその後の回復に深刻な悪影響を及ぼすでしょう。

（4）振り返りの課題——事後学習

① 　どのようにしたら春美さんに「助けてもらえた」と感じてもらえるような関わりをできるのか，非言語での表現も含めて考えてみましょう。

② 春美さんは「どうしたらよいのかわからない」という状態ですから，これから春美さんが行うべきことについて的確な指示を行う必要があります。この場面で行う指示は何かを考えましょう。

2　避難所での困難と支援——インテーク面接（演習2）

（1）演習の目的と内容

1）演習の目的

　避難所は特殊な空間です。避難してきた方々はそれぞれに不安や困難を抱えていますし，プライバシーも十分には確保できません。小さな物音さえもストレスの元となります。一方で，被災者同士の助け合いやコミュニケーションによる相互支援が生まれる可能性もあります。

　普段の生活とは全く異なる環境になるので，環境の変化に対応する能力が求められますが，対応に困難を抱えた人も少なくありません。トイレや水道の場所，避難所での自分の場所などを覚えられるでしょうか。例えば，夜間にトイレへ行った後に自分の場所まで戻れるでしょうか。食事の受け取り方やゴミの出し方，その他避難所での暗黙のルールもあるでしょう。他人の視線が気になる人もいるでしょう。特に女性は，着替えや洗濯の場所の確保などで困難を感じることもあります。吉田さん世帯のように自宅が全壊してしまった場合は，将来に対する不安も大きく湧き上がってきます。いくつも重なって襲ってくるストレスの中で，落ち着いた心理状態を保てるでしょうか。多くの人にとって相当に過酷な状況でしょう。他者に対する配慮や共感を見失う瞬間があるかもしれません。

　避難者の中にも相対的に強い人と弱い人が現れてきます。その中でソーシャルワーカーとしてどのように行動したらよいのかを含めて考え，ワーカーとしての力を高めていくことを目的とします。

2）演習の内容

　大規模災害時の避難所で生活する家族のニーズ把握と，そのような環境下での面接の内容や方法について学びます。

3）この演習を体験するにあたって──演習への参加の仕方

　事例1・2の時点では春美さんは非常に大きな心理的ダメージを受けていますし，近所の方への遠慮も感じています。一方で家族を守る責任も感じています。しかし，どうすべきなのか，その方法が思いつかず混乱しています。そのような春美さんに対してワーカーはどのように接したらよいでしょうか。活用する面接技術は何でしょうか。春美さんの心情を丁寧に想像しながら演習に取り組んでください。

　事例にある通り，春美さんが相談に来てくれた時刻はすでに夕方です。夜間は暗くなるでしょうから，和子さんがトイレから1人で戻るのはますます困難になるでしょう。この時点では，夜間のトイレの問題は春美さんにとって大きな負担になっていると思われます。ワーカーから提案できる解決策を考えながら面接に臨んでください。

4）演習にあたっての事前学習

①　危機介入アプローチの概要について，説明できるようにしておきましょう。

②　大規模災害時の病院や避難所ではどのような困難が発生するのか，また，避難所の運営についてどのような知恵や工夫があるのかを調べておきましょう。

（2）演習の進め方

─── 事例1──避難所（小学校体育館）での状況 ───

　和子さんと子どもたちはB地区の避難所（小学校体育館）に入れたが，和子さんは「この後どうするのよ」「いつまでここにいるの」「家に帰れるかしら」等と言って落ち着きがなかった。春美さんが病院へ行っているため，有沙さんが「と

にかく，お母さんが来るまで待ってて」と落ち着かせようと努力した。

　春美さんは病院のMSWに「ご主人の葬儀のことは明日の午後に相談しましょう」「とにかく避難所に行って，ご家族を守ってください」「ご主人がお亡くなりになったことに伴う手続きについては，避難所に市の職員が配置されるはずだから，その職員に教えてもらえば大丈夫」と言われ，徒歩で避難所に向かった。14時頃に避難所に到着し，和子さんや子どもたちは信行さんが死亡したことを知らされて強いショックを受け，皆で泣き崩れた。

　16時頃に和子さんは1人でトイレに行くが，家族がいる所まで戻ることができず，迷子になったところを近所の方が声を掛けてくれて，家族のところに連れてきてくれた。その際に近所の方から，「また迷子になったら困るんだよね」と言われ，春美さんは「申し訳ございませんでした」と何度も頭を下げた。どうしたらよいか泣き出したいような気持ちになっていた時に，体育館の入口にあったA市社会福祉協議会の「生活の相談にのります」という張り紙が目に入り，とにかく相談しようと窓口に行った。

1）グループ討議①

　5～6人のグループを作ります。グループで危機介入アプローチについて調べてきたことを報告し合い，要点を確認してください。危機状況にあるクライエントに対してワーカーはどのような基本姿勢で関わったらよいのかを考えてください。

┌── 事例2──春美さんの相談 ────

　春美さんが社会福祉協議会（以下，社協）の窓口に行った時間は17時近くであった。新たに避難してくる人，自宅や親族宅などに移っていく人などもいて，避難所全体が落ち着かない状態である。余震も繰り返し襲ってきている。被災1日目なので避難所全体での組織だった活動はまだ行われておらず，配属された市の職員による指示や依頼によって運営されている状態である。電気は復旧したが断水は続いている。夕食には非常食の五目ご飯の缶詰とペットボトルのお茶が用意されるとの情報があった。

　春美さんは沈痛な面持ちで「家も全壊してしまい，夫も亡くなってしまった」「頑張らなきゃいけないと思うが，気持ちがついてこない」「おばあちゃんも少し

呆けてるし、どうしたらよいのかわからない」「ここにいても迷惑をかけるけど、他に行くところもない」「どうしたらよいのか全然思いつかない」等と訴えている。すぐに頼れそうな親族はいないとのことであった。

2）ロールプレイ（春美さんとの面接）

　2人一組になり、春美さんが社協の窓口に来た場面での面接のロールプレイを行ってみましょう（1回10分程度）。1回目のロールプレイが終了したら役を入れ替えて、2回目のロールプレイを行ってください。

　まず、過酷な体験をして大きな心理的なダメージを受けている春美さんに対してどのように接したらよいでしょうか。また、今夜をどうやって乗り切っていったらよいでしょうか。春美さんだけでなく他の家族も支援対象者であり、家族全員への配慮も欠かせません。

　震災発生1日目であるため、今後の住宅支援（仮設住宅建設、住宅再建補助など）や経済的支援については何も情報がありません。余震も続いており、地域全体で水道やガスは停止した状態です。今夜はこの避難所で過ごすしかなさそうです。

　この状況下では、相談に来てくれた時点から2～3日間を意識した、極めて短期間の支援策を考える必要があります。どのような提案ができるでしょうか。

3）グループ討議②

　グループでロールプレイを振り返り、望ましい面接の内容や方法を検討してください。非言語の表現も重要な検討テーマです。

　この場面は初回面接ですから、①基本的な情報を確認する、②主訴を確認する、③基本的な信頼を獲得する、④大まかにニードと支援策を想定する、⑤自分たちの組織が支援を担うべきか（担えるか）判断する、⑥即応すべき生活課題があれば対応策を示すなどを行う必要があります。春美さんは非常に辛い思いをしているので、心理的なサポートも必要です。これらを達成す

るためには，どのように面接を進めたらよいのかをグループで検討してください。

（3）体験の考察

　避難所には多様な人が避難してきて，極めて近距離で生活することになるため，避難者同士の間で小さなトラブルが発生しやすくなります。乳幼児を抱えて避難してきた場合，子どもが泣き出すこともあるでしょう。小学生くらいの子どもだと避難所内を走り回ったりするかもしれません。発達障害や認知症などにより，環境の変化に上手く対応できない人もいるかもしれません。そのようなときに，「迷惑をかける人は出て行って欲しい」という声が上がることがあります。そのような声に対してワーカーとしてはどのような立場に立ち，どのように行動したらよいのでしょうか。その場の当事者になったと想定して考えてください。

　また，大切な人と死別した時遺族は大きな悲しみを感じ，心理的にも身体的にも社会関係的にも強い影響を受けていきます。そこから回復していくプロセスを「グリーフワーク」と呼び，このプロセスを支援することを「グリーフケア」と呼びます。今回の事例では信行さんが突然亡くなったことで家族全員が強いショックを受けています。そのため，生活条件の整備とともにグリーフワークへの配慮も欠かせません。

（4）振り返りの課題──事後学習

① 　避難生活では「迷惑をかける人は出て行って欲しい」という声が上がることがあります。そのような声に対してワーカーとしてはどのような立場に立ち，どのように行動したらよいのか考えてみましょう。
② 　グリーフワークやグリーフケアについて調べ，面接に活かせるように準備しておきましょう。

3　避難所での災害支援——コンフリクトと支援会議の準備（演習3）

（1）演習の目的と内容

1）演習の目的

　実際の支援ではいくつかの生活問題が絡み合っていたり，多職種・多機関による連携した支援が必要だったりする事例が珍しくありません。そのような時には関係者が集まって協議する必要がありますが，事前の準備もなく単純に集まって会議を開くだけでは十分な成果が得られません。会議の目標や会議で確認する事項などを検討し，準備して臨むことにより会議の内容を充実させることができます。

　この演習では支援会議に向けた事前整理に取り組み，支援会議を主導していく視点と力量を身に付けることが目的です。

2）演習の内容

　ここではA市社会福祉協議会のコミュニティソーシャルワーカー（以下，ワーカー）が中心になって支援会議を開催すると想定します。支援会議を開催するにあたっては，会議の目標，参加者，協議の課題などを明らかにする必要があり，社協内部で支援会議の持ち方について検討しますが，その準備に必要なことを学びます。

3）この演習を体験するにあたって——演習への参加の仕方

　今回の演習の背景には，避難所内での「コンフリクト」があります。コンフリクトとは葛藤，衝突，紛争という意味で，利害や主張がぶつかり合うような状況下で対立が生じている状況を指します。福祉領域では，福祉施設の建設に対して地域住民から反対の声が上がるような場面でも使われますし，住民同士の対立や葛藤のような場面でも使われます。

　今回の事例では，吉田さん家族と他の避難者の間で小さな衝突が起きています。和子さんに対応してくれた避難者は，和子さんへの手助けを負担に感

じているのかもしれません。または，自分たちの場所に迷い込んだことを不快に感じているのかもしれません。被災して避難しているという厳しい状況の中では，小さなことでも大きなストレスと感じられる可能性があり，コンフリクトを生み出している可能性があります。

　このような時にワーカーは，どのようにコンフリクトに対応していくべきでしょうか。コンフリクトは辛いものですが，新たな可能性の入り口でもあります。コンフリクトを契機とした支援の展開を考えていきましょう。

　4）演習にあたっての事前学習

　次の事例を読み「事前整理ワークシート」の各項目を考えて記載してくる。

（2）演習の進め方

――― 事例――支援会議の開催に向けて ―――

　春美さんから相談を受けたワーカーは，B地区の町内会の会長に協力してもらい，吉田さん家族の居場所を，トイレからの動線がわかりやすい位置にいた家族と交換してもらうことができた。また，トイレに行く際には有沙さんが付き添って行き，それ以降は迷子になることはなかった。

　ワーカーとしては，この家族が「福祉避難所」に移動することで和子さんの見守りも行いやすくなり，春美さんや有沙さんの負担も軽減できると考えた。翌日の午前中に春美さんと再度面接した時にこれを提案したが，これは和子さんにより強く拒否された。福祉避難所は長期の滞在を想定していないこともあり，春美さんも移動をためらっていた。

　しかし春美さんの疲労感や抑うつ感は重いようで，早急に改善する必要があると思われる状態である。春美さんの負担感を重くしている理由には夫の死亡，住宅全壊による悲しみや将来への不安などに加えて，他の避難者とのコンフリクト（このご家族以外にも子どもの泣き声や食事の配布などをめぐって，避難者の間でいくつか小さなトラブルが発生している）もあり，避難所運営の課題ともつながっている問題もありそうだ。

　一方で，避難者が相互に助け合ったり励まし合ったりする様子もあり，避難者同士の関わり合いが癒やしになっている様子も見られる。また，避難してきてい

る人（家族）の中には吉田さん世帯のように，家族の誰かが死亡してしまった人（家族）も何人かいるようだが，その情報は避難者間の噂話のような状態で，はっきりとは把握はできていない。

　現状では和子さんが福祉避難所への移動を拒否している理由はよくわかっていない。また，有沙さんの状況も十分には把握できていない。以上のような状況から「福祉避難所への移動」というような単純な支援では状況を改善できないと思われ，ワーカーは支援会議を開くことにした。

1）「事前整理ワークシート」をまとめる──グループ討議①

　5〜6人のグループを作ります。「事前整理ワークシート」の内容を報告し合い，グループで再度「事前整理ワークシート」をまとめてください。グループとしての方針を確定させます。

　この会議での支援の対象者は誰でしょうか。吉田さんの家族が対象者であることは当然ですが，他には考えられないでしょうか。ワーカーとして会議を通じて何を達成したいと考えますか。達成目標は複数あるかもしれません。対象者と達成目標にもとづいて考えた時に，会議に参加して欲しい人・機関は誰（何）になるでしょうか。

　現状では，この家族に関する情報はわずかしか得られていません。確認すべき情報は何でしょうか。被災から数日という段階で，吉田さん世帯が必要としている情報は何でしょうか。

　また，避難所の中で小さなトラブルが発生していることはワーカーも把握していますが，一方で避難している住民による相互援助の動きもあります。避難所の運営と吉田さん世帯への支援をつなげて考えられないでしょうか。

2）「支援会議進行プラン」のシートを検討する──グループ討議②

　支援会議はどのように進行させていけばよいのでしょうか。全体的な会議の進行プランを策定してください。

（3）体験の考察

　ソーシャルワークの現場では「個別の個人・世帯への支援」と「グループやコミュニティへの支援」を一体的に検討しなくてはならない場面がよく現れてきます。この時に，グループやコミュニティとは地域を基盤とした集団・組織には限定されません。当事者による自助グループやそのネットワークということもありますし，時にはインターネット上のグループやコミュニティということもあります。

　避難所という場は一つのコミュニティであり，いくつかのシステム的階層により構成されています。支援にあたっては，システムズアプローチやグループワークを視野に入れて考察する必要があるでしょう。

　システム論的に考えると，ある人は同時にいくつかのシステムに関わっていますし（皆さんも，家族，親族，学校，サークル，アルバイト先，地域の友人グループなど複数のシステムに関わっていますね），関わっているシステム同士が関わりを持ち合っていることもあります。さらには，親族システムは複数の家族を含んで構成されていますし，地域も複数の家族を包摂しています。サークルは学校に包摂されています。さらに学校は都道府県や日本国全体の教育システムに包摂されています。このようにシステムは階層構造を持ちます。システムズアプローチでは，システム内部での関係や隣接する階層との関係に注目していきます。

（4）振り返りの課題——事後学習

　避難所におけるシステムの階層構造を図式化してみましょう。図式化する中で，作り出す必要があるシステムが見つかるかもしれません。

　システムズアプローチについては「相談援助の理論と方法」で基礎的な知識は学んできていると思います。その学習内容を再確認して支援を構想してください。

事前整理ワークシート

氏　名
会議の達成目標・獲得目標
参加を求める人・機関
ワーカーとして得たい情報
ワーカーとして発信すべき情報
会議で協議したいこと
配慮すること

支援会議進行プラン

項　　目	内　　容

支援会議進行プラン（記載例）

項　　目	内　　容
導　入	CSW から参加者を紹介する。
	会議の意図と目的を説明する。
状況確認	春美さんから状況や思いを聞き取る。

4　支援会議の運営（演習4）

（1）演習の目的と内容

1）演習の目的

　支援会議は焦点となっている対象者の意向や希望，状況を共有し，同時に関係者の意向や希望，提供できる支援や協力できることを確認しつつ，それらを統合して一つの方針にまとめることが目的です。この演習では新たな社会資源の開発も意識しつつ，支援の実施に向けた合意を形成していきます。

2）演習の内容

　吉田さん世帯の支援会議をロールプレイで開催し，どのように支援会議を運営すればよいのか，その方法について学びます。

3）この演習を体験するにあたって——演習への参加の仕方

　ソーシャルワーカーの問いかけや応答により，対象者（参加者）の考えや思いは生み出され変化していきます。参加者の考えを引き出しながらストレングスを発見し，そのストレングスを活かした支援を実現できるように意識しましょう。

4）演習にあたっての事前学習

　支援にあたっては対象者（今回の事例では吉田さん世帯やB地区の町内会）が有しているストレングスを活かしていく視点が重要になります。よって，ストレングスの概念やストレングスの例を調べておきましょう。

（2）演習の進め方

┌─── 支援会議にあたっての情報 ───

　　出席者：春美さん，和子さん，有沙さん，社協のワーカー，保健センターの
　　　　　　保健師，B地区の町内会会長，B地区の民生・児童委員
　　震災発生から4日目の午前中に支援会議を開催した。ワーカーが「春美さんの

体調はいかがですか」と質問をしたところ，春美さんは「いろいろありすぎて頭が混乱してて，夜もよく眠れない」「下痢，微熱の症状がある」「夫も亡くなってしまったので，自分がしっかりしないといけないと思うけど，力が入らない」と沈痛な面持ちで語り，強いストレスに襲われている様子が窺われた。

　一方で，和子さんの生活歴を聴き取ったところ，元は小学校の教員（定年まで勤務）で夫の隆夫さんも教員だった。隆夫さんは老人会の世話役を担っていたこともあったそうで，地域には古くからの知り合いも多いことがわかった。

　避難所での和子さんは，初日はトイレでは迷子になったが，旧知の人に出会って昔話をする中で，同年代の女性の話の聞き役にもなっているとのこと。また，かつての教え子にも挨拶され，嬉しそうにしていたとのことだった。

　有沙さんはこの先の生活に不安を訴えつつも，「お母さんも大変だし，自分もできることはやろうと思う」とのこと。実際に和子さんの手助けをよくやっているようだ。長男は幼児返りしているようで，何かと春美さんにくっついてくるとのことだ。

　町内会会長によると，班長会議を毎日行っていて，避難所の中の組織化も進んできていて，互いの困りごとを自主的に解決する動きも出てきているとのことで，「一定の協力はできると思う」とのこと。

　保健師からは「避難所の一角で高齢者を中心とした集まりを開き，体操の機会を作りたい」との提案があった。

1）ロールプレイ

　6〜7人でグループを作ります。それぞれ春美さん，和子さん，有沙さん，ワーカー，保健師，町内会会長，民生・児童委員の役に分かれてロールプレイを行います。ロールプレイは自己紹介するところから始めてください。会議の目標や進行計画は，前回の演習を土台にして，ワーカー役の学生が考えて会議を主導してください。会議の進行においては，この家族が持っているストレングスを活かすことを意識しながら進めてください。

　ロールプレイを始める前に，それぞれの役のイメージをしっかり考えてください。

　例えば，震災発生前は不登校であった有沙さんはどのような思いを持っているでしょうか。地域の避難所なので，級友や友人，知り合いもいるでしょ

う。そのような人たちと顔を合わせることを恐れているでしょうか。それとも喜んでいるでしょうか。両方の気持ちが混在しているかもしれません。また，和子さんのトイレに付き添っていることをどのように感じているでしょうか。

　和子さんはなぜ福祉避難所への移動を拒否しているのでしょうか。その理由は一つではないかもしれません。各参加者の思いに「正解」はないので，役を演じる人により想定する内容は異なるはずです。各自で独自に想定してください。

　ロールプレイを始める前に少し時間を取って，そのようなことをしっかり想定してから始めてください。想定したことは事前には表明せず，ロールプレイの中で表現してください。なお，「支援会議にあたっての情報」に記載されている内容も，ロールプレイで発言してください。

2）グループ討議──ロールプレイの振り返り

① 　ロールプレイを振り返り，それぞれの役を演じている時に，どのような思いを持ったのかを報告してください。報告を聞いている学生は，報告者が感じたことをより深く理解するために，「まだ報告されていないこと」を探りながら報告を聞き，「教えてもらう」という姿勢で質問をしてください。例えば，春美さん役が「話の途中から何となくモヤモヤしてきた」と言ったとすると，「モヤモヤっていうのを，もう少し具体的に教えてください」などと問いかけてください。

② 　どのように会議を運営すればよいのか，その方法について話し合ってください。

③ 　ロールプレイを踏まえて，この段階で想定できるこの世帯（春美さん，和子さん，有沙さん，力也さん）や町内会が持っているストレングスやワーカビリティについて，議論して明確化してください。

（3）体験の考察

　初期の面接では対象者が抱えている困難や辛さに焦点が当てられやすく，ストレングスが見落とされがちになります。しかし，どのような対象者にも必ず何らかのストレングスはあり，それを活かした支援を構築していく視点が重要になります。

　多くのストレングスは客観的な実在物ではなく，見出せる能力を持った支援者が見出す努力をした時にのみ，「ある」ものになります。演習を学んでいる皆さんには，その視点と能力を身につけてほしいと願っています。そのための一歩として，現時点では情報が限られているので仮説的にしか見出せませんが，春美さんや和子さん，有沙さんのストレングスを探る努力をしてください。

　また，避難所では多くのコンフリクトが起きます。避難生活が長期化すればストレスも増えていくので，避難者同士のコンフリクトも起きやすいです。個別の対象者への支援と他の避難者への支援，避難所全体に対する支援（避難所を一つの地域と考えた支援）を同時に進めていく必要があります。そのような視点での議論ができたでしょうか。

　避難している人々は支援の対象者でもありますが，他の避難者に対する支援者となる可能性を持った人々でもあります。他者を支援したことが，その支援した人自身をエンパワメントしていくこともよくあります。支援会議ではそのようなことを考えながら支援計画を作成していきましょう。

（4）振り返りの課題──事後学習

① 　避難所の住民組織（町内会）として提供できる，具体的な支援策や対応策を考えましょう。

② 　事例とは別に，皆さん自身が居住している地域の町内会・自治会活動について実情を確認してみましょう。地域の町内会・自治会は活発に活動しているでしょうか。地域の皆さんは防災訓練などに積極的に参加している

支援計画ワークシート

対象（者）	支援計画（目標，方法）
世帯全体	目　標：
春美さん	目　標： 方　法：
和子さん	目　標： 方　法：
有沙さん	目　標： 方　法：
力也さん	目　標： 方　法：
避難所運営	目　標： 方　法：

でしょうか。子ども会や老人会などの活動状況はどうでしょうか。皆さん自身が地域住民の一人として地域に関心を向けられるようになってほしいと思います。

5　支援計画の作成（演習5）

（1）演習の目的と内容

1）演習の目的

演習1〜4までの内容を踏まえて，吉田さん世帯や避難所全体に対する支援計画を作成します。当然，支援者の意向だけで支援計画が完成することはないので，この段階で作成する計画は「支援者が考えた支援計画」です。どれほど熱心に検討した案でも，当事者の意向により修正されたり破棄されたりする可能性があります。それでも，事前に詳細に検討しておくことで柔軟な相談が可能になります。演習を通じて支援計画を作成する力を高めることを目的とします。

2）演習の内容

支援計画の作成をします。作成に向けては対象者のニーズ，支援の目標（どのような状態になることを目指すのか），具体的な支援内容（活用する社会資源含む）を検討します。

3）この演習を体験するにあたって——演習への参加の仕方

吉田さん世帯のような大変厳しい状況にある人たちへの支援においては，支援者には高い能力が求められます。支援者の能力によって対象者の生活や人生は大きく変わっていきます。そのことの責任の重さを意識しながら支援計画を考察してください。有効な支援計画を構想し実行できないなら，そのワーカーは「対象者にとって迷惑なワーカー」となります。「対象者に喜ばれるワーカー」となれるように，理論学習を深めながら想像力や知恵を絞り出す姿勢で取り組んでください。

4）演習にあたっての事前学習

「支援計画ワークシート」に，あなたの考える支援計画案を作成してくだ
さい。

（2）演習の進め方──グループ討議

6〜7人でグループを作ります。演習4で想定したストレングスを活かし
ながら，グループで支援計画を作成してください。春美さん，和子さん，有
沙さん，力也さんそれぞれに対する支援計画と，B地区の避難所全体への支
援策を一体的に検討する必要があります。ニーズから順次検討して，支援の
目標と具体的な支援策を明らかにしてください。

なお，授業終了時に完成したグループとしての支援計画を提出してくださ
い。

（3）体験の考察

この演習は個別的支援だけでは解決しない課題も含まれており，危機介入，
ストレングス視点，組織作り，地域開発（避難所運営）等を含んで支援を考
察する必要がありました。

災害時などの突然襲ってきた重大な危機状況の下では，初期段階では「状
況の悪化を防ぐ」「今日・明日をなんとか乗り越える」という視点から介入
を進めることもあり得ます。そのような状況下でワーカーや組織全体が適切
に活動するためには，日常からの事前準備が欠かせません。起こりうる事態
を想像し，シミュレーションや訓練を重ねる必要があります。

（4）振り返りの課題──事後学習

ソーシャルワーク実習で配属される実習施設・機関を例にして，遭遇しう
る危機状況（震災，風水害，火災など）を想定し，そのような際にどのように
行動すべきなのかを考えてみましょう。

参考文献

上野谷加代子監修, 社団法人日本社会福祉士養成校協会編集『災害ソーシャルワーク入門——被災地の実践知から学ぶ』中央法規出版, 2013年。

志津川小学校避難所自治会記録保存プロジェクト実行委員会・志水宏吉・大阪大学未来共生プログラム編『南三陸発！　志津川小学校避難所59日間の物語——未来へのメッセージ』明石書店, 2017年。

福祉系大学経営者協議会監修, 遠藤洋二・中島修・家髙将明編著『災害ソーシャルワークの可能性——学生と教師が被災地でみつけたソーシャルワークの魅力』中央法規出版, 2017年。

第2章 個と地域の一体的支援

1 住民の生活問題の把握 (演習6)

(1) 演習の目的と内容

1) 演習の目的

　地域を基盤としたソーシャルワークにおいて，ソーシャルワーカーは，「個別支援」といわれる対象を問わない地域住民からの困りごと等に対応する他，「地域支援（または地域づくり）」といわれる，住民の福祉活動の促進や支援，各機関との連携による生活支援の体制整備等を一体的に行います。つまり，ソーシャルワークの対象としてのミクロ，メゾ，マクロのシステムに働きかけるため，個人だけではなく，集団，組織，そして主要な政策をも援助の対象として捉える視点が重要です。

　こうしたワーカーは，市区町村社会福祉協議会においては，「コミュニティソーシャルワーカー」や「地域福祉コーディネーター」といった職名で働いています。社会福祉協議会のコミュニティソーシャルワーカー（以下，ワーカー）は，この他にも，関係機関との連絡調整，地域課題の課題分析，組織化，担い手の育成，計画策定等，地域福祉の推進のために様々な役割を担います。

　この演習では，地域を基盤としたソーシャルワークの中で，「個別支援」と「地域支援」を一体的に行う支援の考え方を理解し，「地域支援（地域づくり）」におけるワーカーの役割について学びます。

　なお，第1章の演習で登場した吉田春美さんの世帯が，被災から1年後に

「災害公営住宅」へ入居したと仮定して，演習6は学んでいきます。

2）演習の内容

　対象は「災害公営住宅」の住民と地域です。事例を活用しながら，「個別支援」と「地域支援」を一体的に展開する際のワーカーの役割を考えます。

　演習1〜5では，吉田さん世帯の生活問題と避難所の運営といった課題について同時に考察し，必要な支援を考えていきました。この演習では，「吉田さん世帯と近隣世帯，災害公営住宅」と「地域における地域生活課題」を同時に考察し，必要な支援を考えていきます。

3）この演習を体験するにあたって──演習への参加の仕方

　ワーカーが活動する場は，地域住民の生活の場である地域なので，舞台は地域住民が暮らす地域社会であり，そこに暮らす人たち・集団と協働し，地域で汗をかき，耕していくという姿勢が求められます。地域を基盤としたソーシャルワークは，個人，家族，地域社会，制度に横串を通して関わるという発想が重要です。

　そこで，この演習を体験するにあたっては，地域福祉の対象を幅広く想定しながら，地域住民，地域社会，相談機関，社会福祉事業を経営する法人（者），地域福祉に関する活動を行う者（地域住民，ボランティア等），自治体，地域の社会資源について，強い関心を持って臨んでください。

4）演習にあたっての事前学習

①　コミュニティソーシャルワークの定義やコミュニティソーシャルワーカーの役割について調べておきましょう。

②　災害公営住宅についての根拠法を調べ，災害時の生活支援策や「生活支援相談員」（新潟県中越地震や東日本大震災以降の配置）について調べておきましょう。

（2）演習の進め方

1）事例の把握

　地域を基盤としたソーシャルワークの事例です。①ワーカーの役割，②地域の状況，③ワーカーの取り組み意識といった３点の条件設定を踏まえ，事例（参考となる情報，背景等）の内容を把握します。

①　ワーカーの役割

　A市社会福祉協議会のワーカーであるあなたはB地区を担当しています。ワーカーの役割は，その地域で生活支援を必要とする人に対し，その地区の住民や住民組織と協働して，安否確認や見守り，生活問題の発見，情報提供や相談援助，必要な医療保健福祉サービスの利用へのつなぎなどをすることです。

　また，住民同士の支え合いの活動やボランティア活動の支援，その地区の生活支援の体制づくりなど，地域福祉の計画的な推進を図るため関係機関・団体などに働きかける役割を担っています。

②　地域の状況

　B地区には最近，A市内の被災者が入居する「災害公営住宅」（集合住宅で50世帯が入居できる）が完成したので，これをきっかけに，災害公営住宅における住民の個別支援と地域づくり支援が必要となりました。この災害公営住宅は，高齢者世帯，子育て世帯，障害者世帯等といった何らかの支援が必要な，市内在住世帯を優先して入居する方針をA市が示しました。よって，A市内の各地区から入居しており，古くから同じ地区に住んでいる住民同士の地域コミュニティの集団移転ができませんでした。

　よって，災害公営住宅には吉田さん世帯を知る住民はほとんどおらず，数世帯のみは同じ地域コミュニティの方であるが顔見知りの程度です。住宅は山を切り拓いて建設されたので，近くにスーパーはなく交通は不便です。

③　ワーカーの取り組み意識

　B地区の災害公営住宅は，「隣に誰が暮らしているかもわからない状況で，市内各地域から続々と引っ越してきた災害公営住宅」であり，社会福祉協議会のワーカーは吉田さん世帯への支援に加え，他の人々への支援や地域づくりの支援について，何をどこから始めていけばよいのか考えているところでした。

　　　事　例

　被災後，市内各地域に設置された応急仮設住宅から，B地区災害公営住宅へ50世帯が転居してきた。50世帯の中には，引き続き個別の生活課題（介護，生活支援，生活困窮，認知症，ひきこもり，子育て，社会的孤立他）がある。

　実際に被災地支援に取り組んだワーカーの先行実践では，災害公営住宅に転居してから生活問題が顕在化するという実態が報告されており，B地区災害公営住宅でも潜在的ニーズはありそうである。

　B地区災害公営住宅の入居者の約半数が高齢者世帯で，その人たちにとっては終の棲家ともなり，住民同士の地域コミュニティの形成も必要になる。しかし，転居してきた人々は隣に誰が住んでいるかもわからないし，どこに行けばどのような情報が得られるのかさえわからない状況である。

　A市ではB地区に限らず，地域社会の共通課題として，ひとり暮らし高齢者等の増加，過疎化，移動困難等の生活に関連するサービスの不足，住民同士の関係の希薄化，社会的孤立による孤立死等への取り組みの必要が浮かび上がってくる。B地区災害公営住宅ではこれらの課題が複合化されると予測されており，社会福祉協議会の生活支援相談員の見守り対象地区とされた。

2）グループ討議

①　事例について改めて確認しましょう。

　　①　ワーカーは日々，災害公営住宅とその災害公営住宅が所在する地区を担当し，地域の関係者や民生・児童委員，地域包括支援センター，自治体等，さまざまな関係者と連絡を取っている。また，市は自治会を結成したいと考えている。

　　ⅱ　この災害公営住宅には，ワーカーより高い頻度で見守り・声掛けを
　　　し，訪問活動やサロン運営の支援をする生活支援相談員が配置されて
　　　いてワーカーと連携している。

　　ⅲ　地域生活課題の中には既存の制度との狭間にある問題など，個別の
　　　問題が複合化している世帯もある。しかしこれは個別の問題というよ
　　　りも，地域に共通する問題として，ワーカーは支援関係機関で共有す
　　　る場を設けて提起し，新たな支援対策を検討していくという役割を
　　　日々担っている。

②　5～6人のグループを作ります。3点の条件設定と事例を読んで状況を
　　理解したら，「地域生活課題ワークシート」の右側，「生活問題への対応と
　　コミュニティソーシャルワーカーの役割」についてグループで検討しまし
　　ょう。その後，クラス全体で発表し共有し合います。

（3）体験の考察

　この演習は，避難所から応急仮設住宅を経て，街のインフラの整備も進ん
だ1年後，災害公営住宅が新たに建設された復興期を迎えた地域が舞台です。
社会福祉協議会のワーカーによる吉田さん世帯を含む個人や家族の「個別支
援」と併せ，災害公営住宅を含めた地域住民の関係形成を図る「地域づく
り」を，一体的に展開しようとするソーシャルワークの考え方や行動につい
て理解することができたでしょうか。

　ワーカー1人でB地区が抱えている全ての生活問題には対応できません。
同じ所属の生活支援相談員の協力や活用をしっかりと考えられたでしょうか。

（4）振り返りの課題——事後学習

　吉田さん世帯の他に49世帯の方が災害公営住宅には暮らしています。その
住宅を単位とした地域支援・地域づくりにおけるワーカーの役割についてま

地域生活課題ワークシート

B地区の個別・地域の生活問題	生活問題への対応とコミュニティソーシャルワーカーの役割
（個別の生活問題） 　吉田春美さんの義母である和子さんは，日中ひとり暮らしの高齢者で，一人でいると不穏になり，近所のドアをドンドンとたたいてしまう。見守りの体制が引き続き必要である。	継続的な見守りの体制の調整。
（個別の生活問題） 　災害公営住宅に認知症でひとり暮らし高齢者が入居している。昼夜逆転の生活，徘徊，火の不始末等が見られており近所が心配している。	地域包括支援センターに情報提供・共有し，認知症のケアに結び付けることが必要。居宅を訪問するとともに，専門機関につなぐ役割を果たす。 　また，心配している近所の人たちとの関係を形成し連絡体制（徘徊SOSネットワーク）をつくる。
（地域の生活問題） 　災害公営住宅に入居した人は知らない者同士で交流がなく，一人暮らし高齢者が多い。	
（地域の生活問題） 　災害公営住宅の周辺にはスーパーがなく買い物に困難である。	
（地域の生活問題） 　足腰の弱い高齢者が暮らす数世帯では，ゴミ出しができない状況にある。	
（地域の生活問題） 　認知症の疑いがある高齢者の数世帯では，家の中が散乱しているようで，声掛けするが「困っていない」と言われてしまう。	
（地域の生活問題） 　自治会が作られておらず，自治会長等を始め，住民組織を作る必要がある。	

とめておきましょう。

2　地域アセスメント①──地域の状況を把握（演習 7）

（1）演習の目的と内容

1）演習の目的

　「地域アセスメント」は聞き慣れない用語なのではないでしょうか。そこで本演習の目的は，地域を基盤としたソーシャルワークには地域アセスメントが重要かつ必要であることを理解することとしました。

　ソーシャルワークの過程（プロセス）は既に学んだ通り，①ニーズの発見と気づき，②インテーク，③アセスメント（事前評価），④プランニング，⑤サービスの実施，⑥モニタリング，⑦事後評価，⑧アフターケアです。これらの過程で，アセスメントの重要性をすでに理解しているならば，地域アセスメントはそれと親和性があると考えてよいのです。つまり，個別支援においてアセスメントが重要であるように，地域支援においてもアセスメントは重要です。

　さて，「地域診断」という用語もあります。診断というと地域の問題の改善に向けて治療的なアプローチを想像すると思います。これに対し「地域アセスメント」は，地域を基盤としたソーシャルワークにおいて使う用語です。地域の改善というよりは，制度では対応できない人々への地域生活支援において，ミクロ，メゾ，マクロレベルで既存の社会資源が活用できるような調整を行ったり，必要な社会資源を開発したりする際に役立ちます。

　地域アセスメントを実際に行うのは，「地域福祉計画」を策定する自治体，地域福祉推進の中核を担い「地域福祉活動計画」を策定する社会福祉協議会，この他に地域を基盤としたソーシャルワークを行うワーカーが所属する地域包括支援センター，子育て世代包括支援センター，障害児者相談支援事業所，日常生活自立支援事業や生活困窮者自立支援制度の相談窓口等を展開する相

談機関です。

　これらに所属するワーカーは，その人の生活問題が制度では対応できなかったり，制度での対応を拒否していたりするという，いわゆる「制度の狭間」の問題などについての個別の問題に対応するとともに，このことを単一の問題・課題（ニーズ）とせずに，地域全体の問題・課題（ニーズ）として共有する場を設けることが重要です。地域アセスメントをしっかりと行いつつ「地域生活課題」を地域社会に提起し，支援関係機関と新たな支援対策（社会資源の創生等）を検討していくのです。

2）演習の内容

　地域アセスメントのうち，まずは基本的な統計資料等の収集と分析について学びます。本演習では，地域アセスメントにおいて何を把握すれば，人々の生活問題や地域問題が理解できるのかをグループ討議から整理します。

　本演習で地域アセスメントとする地域（小地区）は，養成校の所在地の「中学校区」としますが，それ以外には行政機関（市区町村）が独自に区分している「地区」もあります。どの地区を単位として演習をすすめるかは担当教員から指示されます。

3）この演習を体験するにあたって──演習への参加の仕方

　第1章から引き続き検討してきた吉田さん世帯とその地域の事例はいったん終了します。ここでは，皆さんが暮らす地域社会に注目していきましょう。なお，授業ではスマートフォンやパソコンを活用して情報収集します。

4）演習にあたっての事前学習

① 　厚生労働省「地域における「新たな支え合い」を求めて──住民と行政の協働による新しい福祉報告書」（2008［平成20］年3月）を読み，これからの地域福祉のあり方を理解しておきましょう。

② 　養成校所在地の市町村のホームページや各福祉計画等から，「地域アセスメントワークシート［中学校区］」の各項目について調べて記載しておきましょう。また，根拠資料を授業に持参してください。

地域アセスメントワークシート［中学校区］

項　　目	養成校の所在地　（　　　　　　　　　　　　）市・区・町・村 所在地の中学校区　（　　　　　　　　　　　）地区
人　　口	
世帯数	
高齢化率	
65歳以上人口	
15〜54歳人口	
0〜14歳人口	
要介護高齢者数	
要支援高齢者数	
保護世帯数・人員	
自治会数	
老人クラブ数	
民生・児童委員数	
住宅の状況（戸建・マンション等）	
買い物の場所（スーパー・商店街・コンビニ等）	
外食の場所	
保育所・幼稚園・小学校・中学校・高校・大学等	
郵便局・銀行	

電車・路線バス・タクシー（最寄駅・本数）	
高齢者福祉施設	
地域包括支援センター	
障害者福祉施設	
児童福祉施設	
その他の福祉施設	
公　　園	
ゴミの回収回数	
警察署・派出所	
消防署・消防団	
公共施設	
広域避難場所	

（2）演習の進め方——グループ討議

①　6〜7人のグループを作ります。事前学習②で調べてきたことを発表し合い，それを「地域アセスメントワークシート［中学校区］」にまとめます。持参した根拠資料等にもとづいてグループでまとめてください。

②　シートには空欄で埋められない箇所があるはずです。この箇所のデータを収集するには，どんな資料があればいいのかをグループで話し合います。項目によっては地区内の住民にインタビューをする必要があるかもしれません。その場合は，どのような方にインタビューしたらよいかも話し合います。

（3）体験の考察

　地域の様々な情報を見ていくことを通して，その市町村の「地域生活課題」について，発見したり気づいたりすることができます。

　さらに，住民の声を集めることにより地域生活課題は共有され，住民同士が主体的に地域をよくしていこうとまちづくりに参加したり，助け合いを広げていき福祉力の高い地域を作ろうとしたり，あったらよい社会資源をつくろうとしたりと地域福祉は進んでいきます。

　こうした統計資料は，地域福祉計画に盛り込む根拠資料にも用いられます。自治体，社会福祉法人，福祉サービス提供事業者，保健医療機関，生活関連産業との連携によりめざす「地域包括ケアシステム」の推進や，地域共生社会の実現へとつながる基礎的な根拠資料になります。

（4）振り返りの課題——事後学習

①　「地域アセスメントワークシート［中学校区］」の項目以外に，地域の状況を把握する上で必要な情報には何があるかを考え，それを調べておきましょう。

②　「地域アセスメントワークシート［中学校区］」の項目から，この地区の

住民の生活課題について予測しておきましょう。

3　地域アセスメント②──社会踏査による生活課題の把握（演習8）

（1）演習の目的と内容

1）演習の目的

前回の演習7と同様に，本演習の目的は，地域を基盤としたソーシャルワークには地域アセスメントが重要かつ必要であることを理解することです。

2）演習の内容

演習7で行った「基本的な統計資料等の収集と分析」，具体的には「地域アセスメントワークシート［中学校区］」をもとに，中学校区を実際に歩いて観察し，住民の生活課題や地域課題を整理します。

3）この演習を体験するにあたって──演習への参加の仕方

中学校区の地図があると観察もスムーズにいきます。市販の地図を用意するか，手書きの地図を作成するなどして準備しましょう。

4）演習にあたっての事前学習

中学校区を実際に歩いて観察しますが，演習1コマ分という時間的制約があります。「地域アセスメントワークシート［中学校区］」をもとに，どのような経路で観察すれば効率がいいかを考えておきましょう。

（2）演習の進め方──地区の観察

①　演習7と同じグループメンバーです。事前学習で考えてきた経路（ルート）を発表し合い，その中から効率的な経路を一つ選びます。

②　地図と「地域アセスメントワークシート［中学校区］」，筆記用具を持って，グループ単位で「中学校区」の観察に出かけます。

③　地区内の住民になったつもりで観察し，この地区の生活問題や課題（ニーズ）についてメンバーと話しながら行動します。

（3）体験の考察

　地区内の住民になったつもりで観察する際は，年齢や職業，健康状態等を想定すると生活問題が見えてきます。

　グループメンバーを30歳の民間企業勤務者で子どもが保育所を利用中，40歳の中華料理店経営の自営業者，50歳のパート勤務者，60歳の無職で親を介護中，70歳で夫婦ともに元気高齢者だが障がいのある孫の将来が心配，80歳の単身者で要支援2の状態。90歳で長男夫婦と同居，認知症による徘徊がみられる等と設定すると，さまざまな生活課題が出てくるはずです。

　地区内に古い公営住宅があったらエレベーターの有無を確認しましょう。コンビニを利用している年齢層を店員にインタビューするのもいいですね。高齢者が外食しやすい店構えはどんな感じでしょうか。地区内に郵便局がない場合，どこまで行かなくてはならないのでしょうか。路線バスは1時間に何本ありますか。子どもが遊べる公園は安全そうですか。高齢者が歩くのにきつい坂道はありませんか。

　このように観察するポイントはたくさんあります。時間的制約がありじっくり観察する時間はとれませんが，住民になったつもりで，ここでの「生活」について考えましょう。

（4）振り返りの課題──事後学習

　「地域アセスメントワークシート［中学校区］」と観察した結果をもとに，住民の生活問題・課題（ニーズ）や地域の問題・課題（ニーズ）についてグループメンバーから出された意見，個人で感じた意見を整理しておきましょう。

4　地域アセスメント③──住民座談会による生活課題の把握（演習9）

（1）演習の目的と内容

1）演習の目的

　地域福祉の推進主体である地域住民が，地域の生活問題を話し合う「座談会」の体験を通して，コミュニティソーシャルワーカー（以下，ワーカー）はどのような役割を果たせばよいのかを理解することを目的とします。

　地域福祉の推進主体とは，①地域住民，②社会福祉事業を経営する者（専門職，社会福祉施設，サービス事業所，団体，機関），③社会福祉に関する活動を行う者（ボランティア活動，当事者活動），そして，④地方自治体です。

　このように，地域福祉の推進は多様な主体で構成されています。これらの主体は，それぞれが独自に活動や事業を展開するほか，各主体が連携して課題を解決し，さらにはネットワーク組織を形成して地域生活課題に取り組みます。

　なかでも，地域住民は地域福祉の推進において極めて重要です。ここで押さえておきたいことがあります。それは，「行政サービスや制度としての福祉サービス」と「地域住民の活動」との関係です。地域住民が行う福祉活動は，行政サービスや社会福祉制度による福祉サービスの補完ではないということです。

　この視点は地域福祉ではとても重要なもので，地域住民の活動では対応できないところについて，行政サービスや社会福祉制度が保障するという考え方です。もし，制度が十分ではないから住民が制度の補充をしようという発想が前面にあった場合は，住民活動は制度の下請けの関係になってしまうからです。

　つまり，地域住民同士が地域問題について語り合い，共有し，地域福祉活動を展開したり，必要なサービスや生活基盤の整備を行政機関に求めたりす

るのが地域住民の役割ということです。ワーカーは，「住民座談会」を通して，地域住民が主体となって解決に取り組めるよう支援していきます。

2）演習の内容

演習8の事後学習で整理した「グループメンバーや個人から出された住民の生活問題や地域問題」を題材に，住民の役になって生活問題や地域の問題を「住民座談会」で発表します。また，進行役は住民から出された意見の集約を体験します。

そこで挙げられた意見のうち，地域住民が主体となって解決に取り組むものを抽出し，解決方法を考えます。

3）この演習を体験するにあたって──演習への参加の仕方

地区内で生活する住民の年齢や職業，健康状態や家庭環境等はさまざまです。例えば高齢者といっても，生活保護や要介護認定を受けている福祉サービスの対象者ばかりではありません。老いを重ねて何らかの不安や ADL の低下がある方。一方で，誰かの世話になるだけではなく，地域社会で何らかの役割を担いたいとの気持ちがある高齢者もいます。まずは，高齢者が生きている世界を理解することが大切です。皆さんと比べて50年以上の年月を生きてきた人がどう感じているかについて，周囲の高齢者に聞いてみたり，老いや高齢期の生き方に関して取り上げている書籍等で調べてみましょう。

4）演習にあたっての事前学習

①　演習8の事後学習で整理した「グループメンバーや個人から出された住民の生活問題や地域の問題」について，発表できるように内容を整理し準備しておきましょう。

②　司会役になったことを想定して，参加した住民から出された多くの意見を集約し整理する方法を考えておきましょう。

（2）演習の進め方

1）ロールプレイの準備

①　演習7・8のグループメンバーを3つ（A・B・C）に分け，他のグループのA同士で新たなグループを作ります。20名クラスであれば，6～7人のグループが3つできることになります。

②　6～7人のグループメンバーで，次の役柄を決めてください。

　　　ⅰ　25歳。社会福祉協議会のワーカー。養成校所在地の中学校区エリアを担当している。

　　　ⅱ　30歳。夫婦ともに民間企業勤務者。子ども2人が保育所を利用している。

　　　ⅲ　40歳。中華料理店経営の自営業者。夫婦で経営しており，子どもは中学生。

　　　ⅳ　60歳。無職で親を介護中。親の老齢年金で生活している。

　　　ⅴ　70歳。配偶者との二人暮らし。夫婦ともに元気高齢者。障がいのある孫の将来が心配。

　　　ⅵ　80歳。単身者。要支援2で外出困難の状態。

　　　ⅶ　90歳。長男夫婦と同居。認知症による要介護3。徘徊がみられる。

2）ロールプレイ（座談会）

①　座談会を体験します。テーマは「生活する上で困っていることは何？」です。

②　ワーカーが進行役を務めます。最初は全員が自己紹介をしてください。続いて，参加者から「生活する上で困っていること」について出し合います。すべての人が1回は発言できるように進行役は配慮します。

③　意見がたくさん出るはずです。それらを整理するために，発言内容を付箋紙に書いて関係する内容をカテゴリー化するなども一つの方法です。進

行役は発言された内容を共有できるようにし，「住民座談会ワークシート」に整理しましょう。

④　参加者同士で整理した問題を「解決できそうなこと」と「難しいこと」に分類し，それぞれについて検討し，「住民座談会ワークシート」に整理しましょう。

　　ⅰ　解決できそうなこと：具体的にどのように解決できるか，または取り組めばよいのか。
　　ⅱ　難しいこと：なぜ難しいのか。その理由は何か。

（3）体験の考察

　地域社会は古来より，そこに暮らす人々がその地域の中で助け合ってきた歴史・習慣・文化がありました。しかし，経済成長を遂げる中（産業構造の変化，就労環境の変化，家族役割の変容等）で人々の暮らしが変わり，近隣との関係も変容してきました。今では，ご近所づきあいがある地域と少ない地域，ほとんどない地域が出てきました。

　そして，長寿化と少子化を背景に構築された，介護・保育をはじめとする社会保障・社会福祉制度の充実は，人々の安全と安心はつくられたものの，近隣の相互扶助機能と家族機能は低下してきました。しかし，制度は何でも対応するという仕組みではなく，万能ではありません。近年，健康な高齢者でも，加齢によりちょっとした手助けが必要な時も出てきます。急に困ったことが起こった時などに即対応して欲しいとの希望が出ますが，こうした場合には対応できないことが多いのも制度の特徴です。よって，こうした際の生活支援の仕組みが必要になっています。

　このことから，地域福祉においては制度の進展のみならず，気づいたことやできることは住民が主体的に参画する「助け合い活動」も重要な社会資源として捉え，その活動の促進を図っていきます。過去，介護保険制度がなか

った時代は，市民が助け合いの観点で家事援助サービスを自主運営し，介護サービスを提供する住民団体が全国で登場していきました。他にも，認知症の本人や家族を支援する活動，「ふれあい・いきいきサロン」といったお茶のみやおしゃべり等ができる地域住民の交流活動の場や見守り活動は，現在も住民主体で行われており，その活動の場は増加していて多方面から注目されています。

　社会保障・社会福祉政策も市民活動に関心を寄せています。国は財源がひっ迫する介護保険制度の運営の維持を図るため，支援対象の重点化の方針を固めています。例えば，比較的軽度な支援が必要な高齢者へのサービスは，全国一律の介護保険給付によるサービス提供から，市町村の「地域支援事業」による地域の実情に即した新たな生活支援サービスを構築することとしています。

　高齢者への介護サービスの共有体制を維持するには，地域福祉においては住民の主体的な福祉活動と，地方自治体の生活支援サービスの体制整備が展開されるとともに，両者が連携したネットワーク型のサービスを構築することが求められており，そこではソーシャルワーカーが期待されています。

　こうした社会保障の維持の観点も含め，地域福祉の推進の主体となる地域住民が生活問題及び地域問題の意見を出し合い，共有する場となる座談会の参加を通し，相互に人格と個性を尊重し合いながら，今後の取り組みにつなげていきます。

（4）振り返りの課題——事後学習

　住民座談会ワークシートを完成させます。また，地域住民が生活問題を出し合う場において，ソーシャルワーカーとして果たす役割と配慮すべき点についてまとめておきましょう。

住民座談会ワークシート

生活上で困っていること	A　解決できそうなこと：具体的な方法や取り組み B　解決は難しいこと　：その理由
	A・B
	A・B
	A・B
	A・B
	A・B
	A・B

5　地域福祉計画（演習10）

（1）演習の目的と内容

1）演習の目的

　現在の社会福祉行政は，さまざまな福祉計画によって推進が図られています。なかでも「市町村地域福祉計画」（以下，地域福祉計画）は，社会福祉法の改正を機に，各分野別の福祉計画の上位計画と位置づけられました。また，社会福祉協議会では民間計画として「地域福祉活動計画」を策定し，地域福祉計画とともに地域福祉の推進を図っています。

　この演習では，市町村地域福祉計画の概要を理解し，地域課題が計画へどのように反映されていくのかを学ぶことが目的です。

2）演習の内容

　地域福祉計画は市町村が策定する行政計画（社会福祉法第107条第1項）であり，市町村の審議会（策定委員会）等で議論され策定されますが，住民の参加が必須とされています。

　演習では，実際の地域福祉計画を閲覧しながら，策定の経過，盛り込むべき事項が計画に示されているかを確認して，計画には何が示されているかを学びます。

　さらに，演習7〜9で検討した「養成校所在地の中学校区」の生活問題・課題（ニーズ）について，計画にも示されているのか，その具体的な取り組みとして何が計画されているかを学びます。

3）この演習を体験するにあたって──演習への参加の仕方

　行政計画，特に地域福祉計画は，策定に関わった者や関係者はその意味を理解し活用しますが，その他の福祉関係者や地域住民は日常で触れる機会は少ないといえます。この演習を機に，行政計画，地域福祉計画，地域福祉活動計画に関心を持ち，計画の構造や構成，その市町村における計画策定の背

景，理念，基本方針，具体的な項目等について学びましょう。

4）演習にあたっての事前学習

① 養成校所在地の市区町村のホームページから「地域福祉計画」を探し，全ページを読んでおきましょう。また，授業に持参できるように準備しておきましょう。

② 地域福祉計画について学ぶために，厚生労働省「地域共生社会の実現に向けた地域福祉の推進について（通知概要）」(2017)，全国社会福祉協議会『地域共生社会の実現に向けた地域福祉計画の策定・改定ガイドブック』（以下，ガイドブック）(2019) を読み，地域福祉計画策定の過程や盛り込むべき事項などを調べ，まとめておきましょう。

（2）演習の進め方――グループ討議

① 演習9と同じグループメンバーです。進行役を1人決めます。

計画の前半部にある「計画の策定について」や「市区町村の概況」について，進行役が声を掛けながら通読し，途中でも構わないので重要な箇所をメンバーが発表していきます。特に，計画策定にあたって実施したアンケート調査や住民座談会等の概要を確認していきます。

② 計画の後半部にある「基本事項」や「基本施策」に移ります。ガイドブックには「地域福祉計画に盛り込むべき事項」として次の5点が示されています。それに該当する計画の箇所をグループで検討し，「地域福祉計画ワークシート」に記載して整理します。

　　 i 地域における高齢者の福祉，障害者の福祉，児童の福祉その他の福祉に関し，共通して取り組むべき事項

　　 ii 地域における福祉サービスの適切な利用の促進に関する事項

　　 iii 地域における社会福祉を目的とする事業の健全な発達に関する事項

　　 iv 地域福祉に関する活動への住民の参加の促進に関する事項

　　v　包括的な支援体制の整備に関する事項（法第106条の3第1項各号に掲げる事業を実施する場合）

③　計画の後半部にある「各地区の概要・課題・取り組み・施策」等から，演習7〜9で検討した「養成校所在地の中学校区」のエリアの箇所を探します。そこには演習9で整理した生活問題や具体的な取り組みが示されているのか，その具体的な取り組みとして何が計画されているか，についてグループで確認します。

（3）体験の考察

　今回，地域福祉計画と座談会で出ていた生活問題とを鑑みながら，地域福祉計画の策定する必要のある事柄について確認をしてきました。

　地域福祉計画では，人々の暮らしの変化や社会構造の変化を踏まえ，人々がさまざまな地域生活問題を抱えながらも，住み慣れた地域で自分らしく暮らしていけるよう，地域住民等が支え合い，一人ひとりの暮らしと生きがい，地域をともにつくっていくことが求められます。

　この演習のように，既存の行政計画，法律，報告書などを鑑みて策定する必要があります。2017（平成29）年2月7日厚生労働省「我が事・丸ごと」地域共生社会実現本部にて，「「地域共生社会」実現に向けて（当面の改革工程）」が取りまとめられた。また，同年9月12日「地域力強化検討会最終とりまとめ——地域共生社会の実現に向けた新しいステージへ」において3つの『地域づくり』の取り組みの方向性が示されています。

　そして，2021（令和3）年の社会福祉法改正により，各自治体では①住民相互の支え合い機能を強化，公的支援と協働して，地域課題の解決を試みる体制の整備，②複合課題に対応する包括的相談支援体制の構築，③地域福祉計画の充実が図られることになりました。これら，包括的な支援体制の整備などの計画的な実施や展開を図る観点などから，市町村地域福祉計画（法第

107条）及び，都道府県地域福祉支援計画（法第108条）による，地域福祉計画の充実が求められています。

　なお，計画策定に当たっては，①それぞれの地域で共生の文化を創出する挑戦，②すべての地域の構成員の参加・協働，③重層的なセーフティネットの構築，④包括的な支援体制の整備，⑤福祉以外の分野との協働を通じた，「支え手」「受け手」が固定されない，参加の場，働く場の創造，という5つの視点を重視しながら，策定・改定されることが必要とされています。

（4）振り返りの課題──事後学習

　市町村地域福祉計画に生活課題や地域課題を反映させる際に盛り込むべき事項を鑑みながら，ワークシートを完成させます。そして，個別課題と地域課題を計画に盛り込む際に留意すべき点についてまとめておきましょう。

参考文献
・第1・2・4節
藤井博志監修，宝塚市社会福祉協議会編『市民がつくる地域福祉のすすめ方』全国コミュニティライフサポートセンター，2015年。
山崎美貴子ほか編著『岩手県における生活支援相談員の活動と地域福祉──東日本大震災からの10年「誰一人，独りぼっちにしない」』中央法規出版，2021年。
・第3・5節
全国社会福祉協議会・地域福祉計画の策定促進に関する委員会『地域共生社会の実現に向けた地域福祉計画の策定・改定ガイドブック』全国社会福祉協議会，2019年。

地域福祉計画ワークシート

社会福祉法における地域福祉計画に盛り込むべき事項	実際の地域福祉計画で掲載されているタイトル，小見出し，ページ等	演習7～9で確認された生活問題や課題（ニーズ）
① 地域における高齢者の福祉，障害者の福祉，児童の福祉その他の福祉に関し，共通して取り組むべき事項		
② 地域における福祉サービスの適切な利用の促進に関する事項		
③ 地域における社会福祉を目的とする事業の健全な発達に関する事項		
④ 地域福祉に関する活動への住民の参加の促進に関する事項		
⑤ 包括的な支援体制の整備に関する事項		

<table>
<tr><td>第3章</td><td>社会資源の開発</td></tr>
</table>

1 社会資源の開発①——個別課題から地域課題を抽出（演習11）

（1）演習の目的と内容

1）演習の目的

何らかの悩みや不安を抱えた方々が支援を必要とする時，訪問や電話などで相談機関に相談を求めます。一方で，SOSを発信することが難しくて相談機関につながらないが，何らかの支援を必要とする人々もいます。本章では，後者の「SOSを発信することは難しいが，何らかの支援を必要とする人々の支援」について学ぶことが目的です。

2）演習の内容

ソーシャルワーカーはさまざまな方法によるアウトリーチを行いながら，クライエントの状況把握に努めます。アウトリーチすることで，どうしようかと悩みを打ち明けられ，対応を考えていく機会が生まれます。その機会を支援体制の糸口として捉え，個別の問題やニーズから地域課題を抽出して地域支援へと展開する過程について学んでいきます。

3）この演習を体験するにあたって——演習への参加の仕方

社会福祉協議会のコミュニティソーシャルワーカー（以下，ワーカー）に，ひきこもりの状態にある方の家族が相談する場面から始まります。ひきこもりの状態は，自分自身ではSOSを発信することは難しいが，何らかの支援を必要とする状況にあるといえます。ひきこもりの状態は，当事者だけではなく家族にも影響を及ぼします。家族の個人的な悩みから地域課題を抽出す

るために，背景をよく考えて話し合いを行っていきましょう。

　この演習では，地域内でひきこもり支援を行っている自立支援協議会に家族ニーズを投げかけます。自立支援協議会の会議内で，個別問題・課題（ニーズ）から地域問題・課題（ニーズ）を抽出するための場面を想定して検討会議を体験します。

4）演習にあたっての事前学習

①　コミュニティワークの展開過程をまとめておきましょう。

②　ひきこもりの定義，特性，要因，課題についてまとめておきましょう。

③　ひきこもりの状態にある方への支援について，フォーマルサービスとインフォーマルサポートに分けてまとめておきましょう。

④　自立支援協議会の法的位置づけと役割についてまとめておきましょう。

（2）演習の進め方

───　事　例　───

　A市が主催する地域福祉計画策定の住民座談会後，ある一人の女性が，座談会に参加していた社会福祉協議会のワーカーであるあなたに話しかけてきた。

　「あの先程，ひきこもり対策支援事業について話がありました。実は娘のことで相談に乗って欲しいのです。19歳になる娘は高校卒業後，自宅から出ず，社会との交流を避けるようになりました。近くのコンビニまでは行くこともありますが，それ以外は部屋から出てきません。これってひきこもりの状態ですよね。」

　「私たち親とも会話することもほとんどありません。父親はしばらく様子を見ようといったきりで，本人と積極的に関わろうとしません。今は私も働けますが，親である私も歳を取ります。将来が不安です。」

　「座談会を通して私たちのような悩みを抱えている方が他にもいることを知りました。今は専門機関で相談を受けているというお話でしたが，私は他の親御さんと悩みを共有したいのです。話す中から何か糸口を探していけないかと思いまして……。しかし，私のように悩む方がどこにいるかもわかりませんし，呼びかけ方もわかりません。一緒に取り組んでいただけると助かるのですが……」という切実な訴えがあった。

ワーカーは，「確かに，今はそういった家族や本人が悩みを共有する場があり
ませんね。検討してみますので少しお時間を下さい」と伝えた。

社会福祉協議会内の定例会議で相談内容を協議したところ，「ひきこもりの状
態にある方の支援では色々なサポートが必要である。今後，専門職が集まる自立
支援協議会にも協力して貰えればと考える。まずは，自立支援協議会の会議で
「ひきこもりの状態にある方の家族支援のあり方」について協議できるかどうか
の確認から始めよう」ということになった。
そこで自立支援協議会の全体会にて「ひきこもりの状態にある方の家族支援の
あり方」について協議が可能か諮ったところ，専門部会で協議を行うことで了承
を得た。

1）グループ討議の方法

　4～6人のグループを作ります。あなたは社会福祉協議会のワーカーとし
て，「ひきこもりの状態にある方の家族支援のあり方」の企画案を自立支援
協議会専門部会の会議で提案するために，グループで個別問題・ニーズから
地域問題・ニーズを抽出します。なお，演習では「ニーズ抽出ワークシー
ト」を用います。

2）グループ討議の内容

①　ひきこもりの状態にある方や家族が，SOS を発信することが難しい理
　　由について意見を出し合います。
②　ひきこもりの状態になった要因と強みについて意見を出し合い，ワーク
　　シートに記載します。
③　事例の本人と家族の生活上の問題とニーズについて意見を出し合い，
　　ワークシートに記載します。
④　①から③を踏まえ，地域問題・ニーズを抽出してワークシートに記載し
　　ます。

（3）体験の考察

1）ひきこもりの実態

　SOS を発信することは難しいが，何らかの支援を必要とする方の一例として，ひきこもり支援を考えてみました。厚生労働省の定義では，ひきこもりは単一の疾患や障害の概念ではなく，「さまざまな要因によって社会的な参加の場面が狭まり，就労や就学などの自宅以外での生活の場が長期にわたって失われている状態」とされています。いわゆる社会的孤立の状況にあります。内閣府調査では，ひきこもりの数は15〜39歳では推計54万1,000人（内閣府「若者の生活に関する調査報告書」2016年），40〜64歳では推計61万3,000人おり，7割以上が男性で，ひきこもりの期間は7年以上が半数を占めます（内閣府「生活状況に関する調査報告書」2019年）。ただし，あくまで推計であり実数は把握されていません。

　ひきこもりの状態は，1980年頃から不登校などで問題視されてきましたが，長い年月，就労や交流などの機会を失った状態で年齢を重ね，なかには，いわゆる8050問題といわれる50代となり，親なき後の生活の心配がある方がいます。

　ひきこもり支援は，生活困窮者自立支援事業などでも取り組まれていますが，ひきこもり地域支援センターでの延べ相談件数は年々増え，必要な関係機関と連携して支援が行われています。

2）個別の問題を地域課題に転換

　ひきこもりが長期化するのは，生物的側面，心理的側面，社会的側面といった要因が複数混在しているからといわれます。そして，ひきこもりの状態になることで，社会的機会の喪失だけではなく，健康や自立の機会などに影響を及ぼすといわれています。そこで演習では，ICF（国際機能分類）をもとに作成されたワークシートを用いて，ひきこもりの様態を理解しました。ICF は，「生活機能」（心身状態・身体構造，活動，参加）の分類と，それに影響する「背景因子」（個人因子，環境因子）の分類で構成されます。

　また，クライエントの問題状況（弱点・短所）にのみ焦点を当てるのではなく，人間の強さや長所に焦点を当て，それをより高めていくことで問題の解決を図っていくストレングスモデルも援用しました。

　なお，個別の問題を地域課題に転換するには，ひきこもりの状態にある方の支援と，その家族支援を念頭に置いた上で，問題の本質をよく考える必要があります。なぜ，ひきこもりの状態になり，なぜ，ひきこもりの状態が続いているのか。そして，ひきこもりの状態が続くことで何が問題なのか，家族への影響はどんなものがあるのか。背景因子は個人因子だけなのか。それとも，環境因子が影響を及ぼす，または社会的な環境因子に影響を及ぼしているのか。その環境因子は，問題とされる状況と共通した本質的な問題を抱えているのかなど，多角的に議論する必要がありますが，皆さんは議論できたでしょうか。

　なお，何が問題の本質であるのか判断するため，特に身近な方々の支援や地区内の活動を含めた環境要因を中心にしながら，実際に行われる事業がどのような相互作用を及ぼすのかも検討しましょう。

（4）振り返りの課題——事後学習

①　ワークシートを完成させておきましょう。

②　個別の問題・ニーズから地域問題・ニーズを抽出する際に，着眼すべき点や配慮する点についてまとめましょう。

2　社会資源の開発②——ファシリテーション（演習12）

（1）演習の目的と内容

1）演習の目的

　演習11の続きです。個別問題・ニーズから抽出された地域問題・ニーズに対する方策を具体的に考えていきます。この演習では，ひきこもり状態にあ

ニーズ抽出ワークシート

両親の思い（語り）

本人の思い（仮説）

健康状態／自立
現状：ひきこもり

[心身状態・身体構造]
現　　状

弱みと要因

強　　み

[活　動]
現　　状

弱みと要因

強　　み

[参　加]
現　　状

弱みと要因

強　　み

[個人因子]
弱みと要因
　本　　人
　母
[強　　み]
　本　　人
　母

[環境因子]
　支援者の存在
　地域活動の状況
　専門職及び団体の状況（支援の限界性）
　法律・政策

　　→　　地域問題・ニーズとなるもの

る者の家族が悩みを共有し，解決の糸口を探るための「場づくり」を試みます。こうした場を作る際には，様々な視点から検討をし，継続した事業を立案していく必要があります。企画を立案することはソーシャルワークにおける「社会資源の活用・調整・開発」にあたります。

　企画を立てる際には意見を求める，アイデアを出し合う必要がありますが，用いる技術として「ファシリテーション」があります。ファシリテーションは，会議や地域活動，グループ学習や生涯学習など，人が集まる活動すべてに適用できる手法です。ファシリテーションによって参加者の意見を引き出し，多くの意見をまとめ上げ，スムーズに場を進行するだけでなく，達成や完了といったゴールにたどり着くことが可能になります。

　ここでは，「社会資源の活用・調整・開発」を行うプログラムの立案の過程とファシリテーションを学ぶことが目的です。なお，社会資源の活用・調整・開発を行う際には，事業の評価も念頭に行っていきます。

2）演習の内容

　会議の準備としては，「目的・目標（Why）」「議題・アジェンダ（What）」「運営方法（How, When, Where, Who）」の6要素があります。何のために集まるのかという目的が上位にあり，その目的に従ってテーマや進め方，日時や場所，メンバーなどが決まります。なお，会議の運営方法は，情報共有としての報告会議，決定するための会議，事業を創造するための会議などがあります。この演習では，コミュニティワークにおける「社会資源の活用・調整・開発」として，プログラムを創出するための会議を体験します。

3）この演習を体験するにあたって──演習への参加の仕方

　この演習では，意見を自由に出し合う「ブレーンストーミング方法」で会議を進めます。ブレーンストーミングとはオズボーン（A. F. Osborn）が考案した会議運営方法です。会議の進行はファシリテーターが担います。なお，ブレーンストーミングの原則は，他人の意見を批判せず，思いついた考えをどんどん発言して，できるだけ多くのアイデアを出すこと，他人の意見を聞

いて連想を働かせ，他人の意見に自分のアイデアを加えて新しい意見を述べることにあります。そのためファシリテーターは，メンバーの自由な意見を引き出すよう心がけましょう。

4）演習にあたっての事前学習

① ファシリテーションについて調べまとめておきましょう。

② ひきこもり支援事業のうち，家族支援の好事例をインターネットなどで2つ調べ，その特徴や工夫，配慮をまとめておきましょう。

③ 演習11で作成したワークシートを完成させて持参してください。

（2）演習の進め方

1）ロールプレイの設定

ひきこもりの状態にある方の家族支援に向け，自立支援協議会の専門部会で事業を考えることになりました。今回は家族が悩みを共有しつつ，本人の自立に向けた方策を話し合える場を設定しようということになりました。なお，会議では他人の意見を批判しない，積極的に参加する，常識に囚われず自由に沢山のアイデアを出す，理解できない場合は質問する，話した内容を許可なく外に持ち出さないというルールを決めています。

2）ロールプレイ

① 6〜7人のグループを作ります。自立支援協議会専門部会のメンバーは次の通りとし，それぞれの役を決めます。

　ⅰ 生活困窮者自立相談支援事業を委託されている，NPO法人の相談支援員

　ⅱ 社会福祉協議会のワーカー

　ⅲ 障害者相談支援事業所の相談支援員

　ⅳ 福祉事務所の生活保護担当ワーカー

　ⅴ 保健センターの保健師

  ⅵ　地域包括支援センターの社会福祉士

  ⅶ　生活困窮者就労準備支援事業を委託されている，障害者支援施設の
   生活支援員

 なお，ⅱの社会福祉協議会のワーカー役に決まった者がファシリテーター，
⑥の地域包括支援センターの社会福祉士役に決まった者が記録係（ファシリ
テーターの補佐役も含む）を行います。

②　ファシリテーターは，事前学習で調べてきたファシリテーターの役割の
 情報共有をし，会議でのルールを確認します。

3）グループ討議

①　「ひきこもりの状態にある方の家族が，悩みを共有しつつ，ひきこもり
 の状態にある方の自立に向けた方策を話し合える場づくり」をテーマに，
 次の事項を話し合います。

  ⅰ　あったらいいなと思う事業（自由意見）

  ⅱ　事業展開する際に配慮すること（意見）

  ⅲ　現実性や効果性の点からの評価（アイデアの統合）

 演習11で作成したワークシートを見ながら，アイデアやひきこもりの状況
にある方の家族支援を行う際の留意点なども話し合います。自由な発想で，
突飛だと思われるアイデアでも発言して下さい。また，質より量を重視し，
アイデアを批判しないこと。なお，付箋にアイデアを記載してもらい，あと
で発表を促す方法もあります。

②　一通りメンバーが発言したところで，ファシリテーターと記録係を交代
 します。

③　ファシリテーターは再度，意見を求めます。記録係はメンバーに確認し
 ながら，グループで分類や補足をします（収束）。

④　ファシリテーターは意見を分類し，補足したいアイデアについて確認し，現実性や効果性の点から事業展開の評価をメンバーに求めます。

⑤　ファシリテーターの2人は，グループ内で出た具体策を集約して発表に備え，グループでの話し合いの結果を全体に発表します。

（3）体験の考察

1）支援を検討する際の留意点

コミュニティワークでは「住民主体の原則」があります。プログラムの対象，つまり，主人公はあくまで住民です。ひきこもりの状態にある方の家族支援を考えることを通して，引きこもりの状態にある方の支援も同時に考えます。

また，住民を組織化していく手法として当事者の「組織化」があります。同じ共通課題のある人同士の出会いを通し，ピア（仲間）を作り，ピア（仲間）として互いに助け合う関係となるように考えていきます。実際，このような事業を通して自分の道を自分で発見し，社会関係と再度関係を結び直す方，ひきこもりの状況にあった経験を活かしてピアサポーターになる方もいます。

このように，相手の主体性や参加，活動を考え，事業展開を想定しながら立案を試みますが，特に留意しなくてはならないのは，生活や生きづらさを抱えた人々の特性から，支援における拒絶などの反応を予測し，事業を行うこと自体が支援を必要とする人の脅威とならないように細心の注意を寄せることです。

ひきこもりの状態にある方の「家族同士が出会える場」をつくるための企画書の作成過程では，作成の趣旨と留意点の明確化，企画を提示するまでの工程，実施分担，レイアウトなどの企画編集などがあり，多くの技術を習得する必要があります。特に企画のアイデア会議では，性別，年齢，職種など，さまざまな価値観を持った人々の意見を一つの目標や目的に向かって進める

必要があります。今回のように，自立支援協議会専門部会のメンバーが多様な機関の職員の場合，会議において一定のルールを設けたりします。

2）会議での留意点

会議にはさまざまな運営のスタイルがあります。この演習で行った「希望点列挙法」の他にも「欠点列挙法」があります。どちらも利用する方の立場に立つことは同じですが「希望点列挙法」はやってみたいことや「自分なら○○をしたい」と思えることを自由に出すので，画期的なアイデアにつながる可能性があります。一方，「欠点列挙法」は反対に，消費者や利用者の立場でテーマを取り上げて欠点を上げていきます。一つずつ改善策を検討するのに向いています。

ファシリテーターの役割を担う人は，会議の運営スタイルを事前に考え，明確な目的意識，その目的を達成するための準備，メンバーの特性などを考慮し，一人ひとりの考えや意見，アイデアなどを引き出しながら議論を深めます。また，参加者同士の感情や意見のぶつかり合いなどをコントロールし，目的や目標を達成できるよう集団をうまくまとめる役割を担います。そして，意見の促進，自由に意見を出し合う雰囲気づくり，進行，話を整理して合意しながら，アイデアをより良いものに高めていきます。

アイデアを高める際に皆さんは，コミュニティワークの展開過程を意識しながら，現実性や効果性を評価しましたか。この事業案を考える際，単に一つの活動として効果を考えるのか，そうではなく地域内にある課題に対し解決を試み，参加者自らが実施できるように事業を実施できることを評価目標として考えるかでは，将来の展開に影響を及ぼしますので，よく考えてみましょう。

なお，今回のように，実際にプログラムの実施前に，他分野や多機関が話し合う場を持つことは，現状を把握しさまざまな問題やニーズに対応するため，協力体制を整えることにつながります。さらに，実際にプログラムが始動して協力して貰えるように働きかけを行い，地域で活動する住民が安心，

安全に活動する基盤を構築していきます。

（4）振り返りの課題──事後学習

①　ファシリテーターの役割と姿勢についてまとめましょう。

②　アイデアをまとめていく際の工夫や配慮についてまとめましょう。

3　社会資源の開発③──プログラムの立案（演習13）

（1）演習の目的と内容

1）演習の目的

　地域を基盤としたソーシャルワーク実践においては，社会資源の開発，つまりソーシャルアクションが求められます。プログラムの企画はソーシャルアクションにあたり，具体的にプログラムを生み出すには，いくつかのプロセスがあります。

　プログラムを企画する場合，①テーマに沿って，思いついたアイデアややりたいことを出し合う，②実現可能か否かなどを含め評価をしてまとめる，③実現するために企画書を作成する，④企画書について事業所内や団体内でプレゼンテーションを行う，⑤プログラムの同意や賛同を得ることにより，初めてプログラム実行の準備が整います。

　なお，企画立案をまとめた文書は「提案書」と「企画書」があります。提案書は対象者の課題を整理し，解決を示すための文書を意味し，方向性やおおまかな費用や工程を書きます。企画書は実務レベルまでプロセスや工程などを書き出し，費用対効果まで算出して書き上げます。この演習では意見を出し合い，「提案書」や「企画書」のうち実現可能性や何をもってプログラム評価とするのかを鑑みながら，プログラム立案を行うことが目的です。

2）演習の内容

　ひきこもりの状態にある方の家族の支援を行うための計画を作成し（プロ

グラムの立案），継続可能性を考えながら意見を出し合い，実現可能性を含め評価したプログラムの立案を行います。今回は自立支援協議会といった法律に基づいている協議システムを用いて，地域課題の解決に向けたプログラムを立案するための意見を参加者に求めます。参加者である実践者（ワーカー等）は，当事者の立場に立った支援を考えていき，そこから地域内に新たな社会資源を開発するための過程を学びます。

3）この演習を体験するにあたって──演習への参加の仕方

この演習では自立支援協議会専門部会での話し合いをもとに，プログラムの立案を行います。プログラムの目的は，ひきこもりの状態にある方の家族同士が「悩みを語れる場」「悩みから支援の糸口」を作ることにあります。

4）演習にあたっての事前学習

① 社会資源の開発や活動において，留意する点をまとめておきましょう。
② ソーシャルアクションの定義，役割，意義についてまとめておきましょう。
③ ひきこもりの状態にある方の家族支援事業について調べておきましょう。
④ ひきこもりの状態にある方と家族を把握するための方法として，何があるのかを考えてまとめておきましょう。

（2）演習の進め方

── 事　例 ──

　自立支援協議会専門部会での話し合いの結果，「住民の方々にも，地域にあるひきこもりの状態にある方及び家族の置かれた現状を知ってもらい，何ができるか一緒に考えてもらう機会を持とう」と合意しました。そこで，「住民と専門職である自立支援協議会メンバー合同の協議の場を設けたい」と働きかけたところ，了承を得られました。

　社会福祉協議会のワーカーが，ひきこもりの状態にある方の現状と家族の思いを伝え，把握する仕組みや支援する体制づくりについてプレゼンテーションを行い，その後に参加者で話し合うことになりました。

　演習15で体験する「住民と専門職との協議の場」の参加者は，自立支援協議会の専門部会メンバー（演習12に記載）の他に，地域内で活動する自治会長，民生・児童委員，地区社会福祉協議会会員，地域内サロン代表，ボランティア団体代表です。

1）グループで立案

① 　ひきこもりの状態にある方の「家族支援事業」の立案を行いますが，「サービス立案ワークシート」に沿ってプログラム立案を行います。

② 　4～5人のグループを作ります。演習11から13までに出された意見を参考に，行っていきたい事業を話し合い，グループでワークシートを完成させます。

2）グループ討議

　ワークシートの作成に当たり工夫した点や配慮した点を，グループで話し合います。

（3）体験の考察

　地域を基盤としたソーシャルワーク実践においては，様々な社会資源の活用，社会資源間の連絡と調整などを行い，社会資源をコーディネートしてプログラム立案をしています。プログラムはイベントなどの単発のものもあれば，家族会など継続性を要するものもあります。皆さんは，継続的な視点で考えることができましたか。

　プログラムの立案は，これまでの演習で行ってきた通り，個別の問題・課題（ニーズ）から地域問題・課題（ニーズ）を検討した上で枠組みを考えていきます。その際，社会システムと社会情勢，そこに住む住民の意識などを参考に「実践仮説」を立てます。

　プログラムに関してはシステム理論を基盤として，社会資源としての「ヒト，モノ，コト，カネ，トキ，情報」とリスクについて考えます。立案する際の配慮としては，プログラムを「点」として捉えないことです。「点」で

サービス立案ワークシート

プログラム名	
現　　状	例：ひきこもりの状態にある方の家族同士が悩みを語れる場がない
実践仮説	
効　　果	価値創造（人々の価値意識） 対価創造（費用対効果） 支援力創造（ソーシャル・サポート・ネットワーク）
ストーリー	活動が，地域に影響，定着，展開する道筋のイメージ像 例：語りの場から，支援の場が広がり，笑顔あふれるまちへ
ヒ　ト	対　象　者 実　施　者 協力・賛同者

出所：筆者作成。

モ　ノ	必要な物品	
	活動場所	
	活動エリア	
コ　ト	既存活動	
カ　ネ	事業費 ・財　源	
	・支　出	
ト　キ	単発，又は，継続的プログラム	
	行　　程	
情　報	法律・政策	
	既存事業	
	広　報	
	評　価	
リスク	事業を行う事による悪影響（予測）	
	配　慮	
	モニタリング（効果検証時期と方法）	

捉えると継続することが難しく，単発で終わってしまいます。そのため全体事業から見て，立案するプログラムがどの位置づけとなるのかといった「ポジショニング」を意識します。その上で，立案したプログラムを通したまちづくりの「ストーリー」を考え，プログラムを構築していきます。

　ワーカーはプログラム立案するにあたり，ミクロ，メゾ，マクロの視点及び相互作用を意識します。また，「個を地域で支える」「個を支える地域を作る」といったアプローチを意識します。また，本質的な個別ニーズを考えた時，地域課題はひきこもりの状態にある方との関わりですから，ひきこもりの状態にある方の家族支援という地域課題の解決に向けた実践仮説のみならず，ひきこもりの状態にある方への相互作用を考えた実践仮説も立て，立案していきましょう。

　プログラムを行う際は，こうした視点を持ちながら既存の社会資源を活用，社会資源間の連絡や調整を行うことはもちろん，改善を試行します。そういう意味では，ワーカーは既存の社会資源における「仕組み」や「しかけ」のスクラップ＆ビルドを繰り返す役割を担います。そして，既存の社会資源にアクセスできない，もしくは対処できない問題に対し，解決につなげる「仕組み」や「しかけ」を新たに構築していく役割を担います。

　今回は時間がなかったと思いますが，継続性という観点から，実際の「提案書」や「企画書」は細かな収支計画，費用対効果などを具体的に算出していくことになります。また，適切な時期にモニタリングを行うため，その効果の検証を安定的に行う方策も念頭に入れながら企画をしていきます。なお，企画を立案する過程を通して地域課題の明確化がされます。そのため，実践仮説をもって地域の強みを考え，専門職同士などと社会資源間のネットワーキングを図りながら，住民主体の原則に則り，当事者支援が継続して行えるようにプログラムを立案することが求められます。

　また，個別の支援だけではなく，事業や制度として対応する必要がある場合は，政策・制度的な改善策を引き出し，地域福祉計画や各領域における計

画の策定過程に働きかけ，計画策定を通して問題解決を図ります。

（4）振り返りの課題——事後学習

① プログラムを立案するためのワークシートを完成させましょう。

② プログラムを立案する際に工夫や配慮する必要があることをまとめましょう。

4　社会資源の開発と調整——プレゼンテーションの準備（演習14）

（1）演習の目的と内容

1）演習の目的

演習13ではプログラムの立案を行いました。立案したプログラムを事業所内や団体内でプレゼンテーションを行い，同意がとれて初めてプログラム実行の準備が整います。

そもそもなぜ住民や専門職に伝える必要があるのでしょうか。それは，私たちの生涯には大小さまざまな生活困難な状況が生じ，多くの場合は家族や友人など，身近な人の助けによって対応しているからです。ただし，これら身近な人の助けだけでは，個人の固有な生活を大切にできず，時に専門職による支援が必要になる場合があります。そのため身近な人の助けと専門職による支援を組み合わせ，ソーシャルサポートをシステム全体として対応する必要があります。

住民や活動団体，専門職などにプレゼンテーションを行うことは，地域内のソーシャルサポート・ネットワーク全体に働きかけ，支援を必要とする方の自己選択，自己決定を尊重し，尊厳を守り，活動や参加ができるよう地域内における理解と支援体制を整えていく役割を果たします。演習14ではこの点を踏まえ，社会資源開発に向けたプレゼンテーションについて学びを深めていくことが目的です。

2）演習の内容

　住民と専門職との「協議の場」でプレゼンテーションするための資料を作成します。プレゼンテーションのための資料は，ある意味，地域課題に対する支援方策を共有するための提案書です。作成時に心がけたいことは住民主体の原則，個別課題及び地域課題に対して統合的に支援が行えるよう働きかける，つまりマネジメントすることです。そのためワーカーは現状と目指す姿を示し，対象者とニーズ，いつ，どこで，誰が，誰に，何を，どのように，どの程度行うか，協力してもらいたい点を明らかにします。その上で，構成とキーワード等を考えて興味や関心を持ってもらえるよう，プレゼンテーションを行う相手を思い浮かべながら資料を作成していきます。

3）この演習を体験するにあたって——演習への参加の仕方

　資料作成は A4判のペーパー（1枚）やスライド式資料などがあります。スライド式の資料を作成する場合は，話す時にわかりやすいように構成を考え，キーメッセージやポイントをはっきりさせた上で，スライド1枚につき1メッセージを記載して，配置や要素を工夫します。また，端的にまとめることを心がけ，視覚的に色や文字を統一し，強調したいものは色や文字の大きさを変えるなど工夫します。また，主張したいことは上部に記載し，左から右下に読めるように記載していきます。

4）演習にあたっての事前学習

①　プレゼンテーションする際に配慮すべき点をまとめておきましょう。
②　演習11から13で作成したワークシートや資料をもとに，プレゼンテーションの構成を考えておきましょう。

（2）演習の進め方

1）グループで作成

　ひきこもりの状態にある方の現状と家族支援事業の企画を，この演習で作成する資料を基に，演習15で住民と専門職との協議の場にてプレゼンテーシ

ョン（発表は10分程度）を行います。今回はそのための資料を作成します。

　なお，住民と専門職との協議の場では，このプレゼンテーションをもとに，ひきこもりの状態にある人とその家族の把握と支援について，参加者個人及び参加団体としてできることを話し合います。企画を発表した後に参加者の発言を求めることも考慮して，プレゼンテーション資料を作成してください。

　3〜4人のグループを作ります。演習13で作成した資料をもとに，模造紙，ワード，パワーポイント等でプレゼンテーションの資料を作ります。

2）グループ討議

　プレゼンテーション資料の作成で工夫や配慮した点を，グループで話し合います。

（3）体験の考察

　地域を基盤としたソーシャルワーク実践においては，さまざまな社会資源の活用，社会資源間の連絡と調整などを行い，社会資源をコーディネートして企画を立案しています。

　ワーカーは関係機関や住民組織などに対し，地域内のひきこもりの方やその家族が置かれた状況を伝え，問題解決に向けたプログラムについて連携・協働の必要性をプレゼンテーションしていきます。

　プレゼンテーションする際には，参加者の特徴も考えて伝わりやすいようにします。そのため，相手に見やすい，わかりやすい資料を作成する必要があります。どういった場所で，誰を対象に，何の目的で，どのような内容，形態や形式で行うのかを十分に認識して臨むことを心がけます。また，自分の伝えたい論旨を明確にし，事実と意見を峻別して伝える必要があります。

　また，プレゼンテーションを通じてソーシャルアクションを行っていくこともできます。地域にある課題を知らせることは問題提起の機会となります。プレゼンテーションの資料が技術的に上手と言えなくとも，住民や専門職に伝わるように，親近感を持って聞いてもらえるように内容を吟味する必要が

あります。

　なお，地域を基盤としたソーシャルワーク実践でのソーシャルアクションにおいては，住民主体の原則があります。生活のしづらさや生きづらさに直面している人々の権利に配慮しつつ，情報発信の仕方に工夫しながら，多様な人々の権利を尊重し合える地域を作る機会とします。

（4）振り返りの課題──事後学習

① 発表できるようにプレゼンテーションの資料を完成させましょう。

② 資料を作成するに当たり工夫や配慮した点をまとめましょう。

5 社会資源の開発と調整──地域の組織化（演習15）

（1）演習の目的と内容

1）演習の目的

　地域には何らかの理由でSOSを発信しにくい方，悩みを抱えながら試行錯誤を繰り返している方が暮らしています。こうした方々の生活問題や課題（ニーズ）は潜在化しやすく，表面的にはみえにくいため，住民に認識されにくい側面があります。プログラムの実施に向けて，地域住民や地域内の専門職に説明し，意見や要望を聞く機会を設けます。開発する社会資源を利用者や地域住民に知ってもらうと同時に，利用しやすいものか，トラブルなどが起こらないかなどを検討する機会になります。

　一方，住民側や専門職は，ひきこもりの状態にある方と家族の置かれた状況を知り，課題解決に向けて考え，意見を出し合うことで他者や地域社会の発見，自分たちの活動の見直しをしていきます。

　この演習では，住民主体の原則に基づいた課題解決の過程を学ぶことが目的です。

2）演習の内容

　住民と専門職との協議の場でのプレゼンテーションを想定します。住民と専門職とが共に協議する場は，高齢分野では「地域ケア会議」ともいわれます。福祉活動団体や専門職の所属する各機関の代表者が集まり，支援するための方策を検討し，支援計画を検討し合い，場合によっては組織化を行っていきます。なお，実際の協議の場における取り組みは個別の支援計画に留まらず，地域課題の支援策を考える，共有する，現状の報告会などさまざまです。特に，一機関では対応が困難な，複合的かつ複雑なニーズ対応に迫られた際の話し合いの場となりえます。

　住民と専門職との「協議の場」で話し合う内容や参加者などを事前にネゴシエーションし，プレゼンテーションのための資料を作成して準備をします。資料にもとづいてプログラムを発表した後，参加者に意見をもらいます。そして，地域課題の解決に向けて，住民と専門職が共にSOSを発信しない，もしくは発信できない状況にある方（受援力が弱い方）を把握し，地域内の社会資源を活用した解決方法を話し合います。

　この演習の住民と専門職との協議の場では，社会福祉協議会のコミュニティソーシャルワーカー（以下，ワーカー）がファシリテーターの役割を担い，個別課題や地域課題を投げかけ，地域で支援活動を行っている方々と現状や課題，支援策を共有します。また，住民をエンパワメントしながら，地域福祉実践を生み出す場になるよう働きかけていきます。

3）この演習を体験するにあたって──演習への参加の仕方

　これまで検討してきた，ひきこもりの状態にある方と家族の置かれた状況を踏まえたプログラムを発表します。発表をもとに，ひきこもりの状態にある方の把握や支援状況をそれぞれの立場で話し合います。

4）演習にあたっての事前学習

①　コミュニティワークにおける組織化のプロセスを調べておきましょう。

②　地域ケア会議の役割について調べておきましょう。

③　あなたの居住する地域内にある，小地域活動の役割と内容を調べておきましょう。

（2）演習の進め方

1）プレゼンテーションの設定

①　住民と専門職との協議の場の参加者は，自立支援協議会専門部会メンバー7人（演習12に記載）の他に，地域内で活動する自治会長，民生・児童委員，地区社会福祉協議会会員，地域内サロン代表，ボランティア団体代表です。

②　8〜10人のグループを作り，自立支援協議会専門部会メンバー7人の役を決めます。他のグループメンバーは，自治会会長や民生・児童委員等の役割を担えそうな役になりましょう。

2）プレゼンテーションの実施

①　社会福祉協議会のワーカー役がプレゼンテーションを10分間で行います。また，地域包括支援センターの社会福祉士役が進行を行います。

②　社会福祉協議会のワーカーが，ひきこもりの状態にある方の現状と家族の思いを伝え，把握する仕組み，支援する体制づくりについてプレゼンテーションを行い，その後に参加者で話し合います。

3）グループ討議

①　プレゼンテーションの終了後，SOSを発することが難しい方々の把握と支援において，できそうなことをグループで話し合います。

②　①についてクラス全体で発表し合い共有します。

（3）体験の考察

1）関係機関との協働

　地域では，地縁組織といわれる自治会，民生・児童委員，消防団，食生活改善協議会，地区社協等や，職縁による青年会議所などの事業者団体，目的

型のNPO法人等，さまざまな団体により地域活動が行われています。社会資源の開発を目的にプログラムやサービスの企画を行う際は，専門職だけで立案するのではなく，こうした関係する地域の住民組織や活動団体，地域住民の意見や要望を聴いてプログラムに反映させていきます。意見や要望を聴く機会をつくることによって当事者の理解を促進し，同時に地域課題を共有し，潜在化しやすい地域課題について取り組む土壌を育みます。

　潜在化していくSOSの声は，一機関だけで解決できる地域課題ではありません。関係機関や団体と共同しながら個別支援を通して地域課題の解決に向けた取り組みが必要です。

　現在は，自立支援協議会や第2層協議会など，障害，高齢，児童などの分野ごとにさまざまな協議会が設置されています。今回のように自立支援協議会を通して話し合いを進めながら組織を強化する方法もあれば，新たに実行委員会や協議会を立ち上げて組織化を図る方法もあります。実際に協議会では事例検討，個別調整会議，定例調整会議，運営会議が行われています。また，協議会によっては医療的ケア部会，就労支援部会，地域移行部会など，課題テーマ別の部会を設置していることがあります。なお，会議によっては，日ごろのニーズキャッチ，個別支援から共通課題を整理し，地域自立支援における個別課題や地域課題を抽出し，これら課題解決の糸口として社会資源の改善を含めた調整，必要に応じて新たな社会資源の開発の提案や解決に向けた方策が論議されています。

2）個別の課題から地域の課題へ

　演習11から15まで学んできたように，住民と専門職との協議の場を通して，ひきこもりの状態にある方や家族のおかれた状況を知ってもらうことにより，住民と専門職とが潜在化しやすい課題をともに考え，合意形成を図りながら，ともに支援する環境を整えていきます。こうした支援を通して，自らはSOSを出すことは難しくとも，SOSの声を上げにくい方の地域内の代弁者が増え，支援が必要な人を発見し，SOSの声が専門機関に届きやすい環境

をつくると同時に，見守りや把握，支援などのセーフティネットを住民とともに作り，育むことにつながっていきます。

　なお，地域内で起きている個別の問題が複雑な場合，住民だけでは対応しきれない側面があります。近年では支援において法律が絡むこともあり，活動を行うにも戸惑いの声があります。また，プライバシー権の尊重，他人には無関心で個別の問題は行政機関が対応するのがよいと考えている人もいます。住民による支援は善意で行われることも多く，持続的ではない可能性があります。だからこそワーカーは，地域住民が地域内で起きている個別の問題・ニーズを地域にある問題・ニーズとして問題提起を行い，住民も専門職も互いの取り組みを共有し，課題解決に向け，自分たちの活動内でできることから行えるように働きかけを行っていきます。

　プログラムの内容を伝えることは，プログラムを行わなければならない背景や目的などを伝える大切な機会です。住民に対して地域課題に対する問題提起を行い，ともに活動するよう働きかけを続けます。こうした地道な働きかけが，地域組織化や当事者組織化，ボランティア組織化といった新たな活動を生み，そして継続した関わりにつながっていきます。

（4）振り返りの課題──事後学習

① 住民と専門職との協働において，住民の理解と活動につなげるためのコミュニティソーシャルワークの原則，配慮，効果についてまとめましょう。
② ソーシャルワーカーは，多様なレベルの対象に働きかけます。ソーシャルワークの理論と方法，ソーシャルワークの基盤と専門職，地域福祉の理論と方法などのテキストを読み，個別支援を通したミクロからマクロへ循環する，地域を基盤としたソーシャルワークの展開過程と支援課題についてまとめておきましょう。

参考文献

岩田正美・大橋謙策・白澤政和監修，市川一宏・大橋謙策・牧里毎治編著『地域福祉の理論と方法　第 2 版』（MINERVA 社会福祉士養成テキストブック⑧）ミネルヴァ書房，2014年。

川村匡由編著『入門 地域福祉と包括的支援体制』ミネルヴァ書房，2021年。

厚生労働省「ひきこもりの評価・支援に関するガイドライン」（https://www.mhlw.go.jp/file/06-Seisakujouhou-12000000-Shakaiengokyoku-Shakai/0000147789.pdf）2010年。

障害者福祉研究会編集『ICF 国際生活機能分類——国際障害分類改定版』中央法規出版，2002年。

ソーシャルワーク演習教材開発研究会編，相澤譲治・植戸貴子編集代表『ソーシャルワーク演習ワークブック　第 2 版』みらい，2013年。

内閣府「若者の生活に関する調査報告書（PDF 版）」（https://www8.cao.go.jp/youth/kenkyu/hikikomori/h27/pdf-index.html）2016年。

内閣府「生活状況に関する調査（平成30年度）」（https://www8.cao.go.jp/youth/kenkyu/life/h30/pdf-index.html）2019年。

日本地域福祉研究所監修，中島修・菱沼幹男共編『コミュニティソーシャルワークの理論と実践』中央法規出版，2015年。

日本地域福祉研究所監修，宮城孝・菱沼幹男・大橋謙策編集『コミュニティソーシャルワークの新たな展開——理論と先進事例』中央法規出版，2019年。

第Ⅱ部　ソーシャルワークアプローチと事例検討

第4章

ソーシャルワークの価値と倫理を学ぶ

1 子どもの終末期に直面する両親の支援 (演習16)

(1) 演習の目的と内容

1) 演習の目的

　子どもの生命に関わる治療について考える両親が，クライエントとして登場します。両親も相談を受理したソーシャルワーカー（以下，ワーカー）も，子どもの代弁者として存在することができます。その立場においてワーカー自身の価値観，倫理観，死生観を真正面から，無言のうちにクライエントから問われることになります。問われるところで自己覚知をし，自己コントロールをどのようにするのか，自分の内面への向き合い方を含み，どのように支援を行うのかを学ぶことが目的です。

2) 演習の内容

　急性期の医療機関におけるソーシャルワーク実践を取り上げます。事例は病状の深刻さだけではなく，患者が新生児であるために治療に対する本人の意思や希望の確認はできません。主治医と両親の関係が良好でないところで，「患児の延命治療をどのように考えるのか」とワーカーが両親から問いかけを受けます。こうした時，ワーカー自身の死生観を含む価値観や倫理観をどのようにコントロールして両親と向き合うのか。ロールプレイを通して自己覚知を行いながら実践的に考えてみます。

3) この演習を体験するにあたって──演習への参加の仕方

　自らの死生観について，自己を問うかたちで考えるといった自己覚知を意

識的に行ってみましょう。また，安楽死や尊厳死について調べ，医療職と
チームを組む専門職としてのあり方を考えてみましょう。

4）演習にあたっての事前学習

① 事例を読みましょう。安楽死と尊厳死の違いを確認し，それぞれ我が国
　ではどのような論調があり，どのようなことが問題になっているのか調べ
　ておきましょう。

② 現在の自分の死生観（生きることや死ぬことについての考え方）を400字程
　度でまとめてみましょう。

（2）演習の進め方

1）グループ討議①

4～5人のグループを作ります。事前学習の課題を確認し合い，メンバー
の考えを共有し合いましょう。各自の死生観については，他者の価値観を受
け止めるように意見交換して多くの考え方にふれてみましょう。

事　例(1)

患児の情報
　・患児：女児　生後約1か月（初回相談時）。
　・病名：新生児仮死，水頭症（余命は1～2か月ほど）。
　・家族構成：両親・幼児の長女・次男の4人暮らし。次女として出生。

　患児の母親の担当医である産婦人科医師から，同院の地域連携室のソーシャル
ワーカーに，「子どもが入院している新生児の救命センターの主治医とうまくい
かず，第三者に相談したいと面接希望があるから会ってほしい」と電話にて相談
依頼があった。すぐに患児の両親が来室し，相談が始まる。母親はワーカーの前
に座るとすぐに話しはじめた。
　妊娠中は近所の産婦人科に受診していたが，出産の1週間前に子どもに疾患が
あることが疑われ，急遽この病院を紹介され，入院し帝王切開にて出産した。入
院直前に生まれてくる子どもに疾患があると説明を受け，何がなんだかわからな
い混乱した状況で出産をした。出産直後から子どもは延命措置がなされ，現在は

水頭症で積極的な治療はできない状況。調べ切れていないが疾患も多くありそうで，障がいも多く残るだろうと言われた。さらに，「あと数か月の命である」とだけ説明を受けている。

　生まれた途端に子どもは救命救急センター新生児集中治療室に入院し，人工呼吸器を付け保育器に入って治療を継続している。障がいがあって親の顔も判断できない，予後も極めて悪いとわかっている子どもに対して，治療をしても意味がないと思う。子どもの主治医は，治療に対する予後は，「厳しい状況である」いう説明ばかりである。こうした子どもの治療に意味があるのか，子どもの主治医と話をしてもらちがあかない。

　「ワーカーとして，あなたはどう思いますか。あなたの意見を聞かせて下さい」と，母親は少し怒った口調。父親はうなずいて聞いている。

2 ）ロールプレイの設定

① 　各自で，母親がどのように考えているのかを設定（母親の主訴は何か・母親の考え・なぜ，怒った口調なのか・何をワーカーに求めているのか等を含んで考える）しましょう。

② 　各自で，主治医がどのように考えているのかを設定し，異なる価値観の考え方への理解を試みましょう。

3 ）ロールプレイ

母親役とワーカー役に分かれてロールプレイを行います。

　母親の最後の言葉「ワーカーとして，あなたはどう思いますか。あなたの意見を聞かせて下さい」から続けてロールプレイを行って下さい。

4 ）グループ討議②

① 　ワーカー役のあなたは，どのような気持ちが生まれましたか。

② 　ワーカー役のあなたは，この面接場面でどのような態度や姿勢で臨みますか。

（3）体験の考察

1）ワーカー自身の死生観を含む価値観や倫理観

　命を守ることが目的である病院であっても，延命を希望しないといった異なる意思表示をする人がいても不思議はないことです。ただ，保護者である両親の意思表示がなされても，病院はその意思に沿ってすべてを動かすこともできません。この事例は医師との考え方が異なり，延命治療について話し合うこともできていない状況で，ワーカーのところへ相談があり意見を求められました。ワーカー役のあなたは，どんな気持ちが生まれましたか。その生まれてきた気持ちを自己覚知として認め，自分自身への理解を深めていきましょう。

　例えば，患児が重度の疾患や障がいがあるからと，存在を拒否する両親の態度に嫌悪感をもった。患児の状況から両親が治療を拒否しても当たり前だろう。患児に対してのマイナスの見方や存在する意味がないということを勢いよく話す母親の姿に，同意や保証を求められたように感じる。患児を救う努力をしている主治医に対する両親の拒否的な態度に対し，そうした両親の態度をなんとかしたいという気持ちが生まれた等でしょうか。

　また，一方では，ワーカー自身がこの両親の立場だったらと，自らに問いかけをしてみた。患児の生きようとしている力を考えると，誰が患児の代弁ができるのだろうか等と考えましたか。

　いくつかの気持ちや考えが推測できますが，自然に生まれてきた気持ちや考えをまず自分で受け止めてみて下さい。そして，なぜ，そうした気持ちや考えが生まれてきたのかといった理由を素直に考えてみましょう。そして，そうしたワーカーである自分自身の死生観等の傾向や思考の偏りなども理解していきましょう。

2）ワーカーの役割

　さらに，「ここで両親からワーカーに直接意見を問われると，どのように答えようか」と考えた人も多いかもしれません。しかし，こうした場面では

「ワーカーの考えを聞くことが来室目的なのか」をまず考える必要があります。あくまでもこの家族が考えること，悩むことを支援してくことがワーカーの役割であることを再確認して下さい。

　事例の面接に正答があるわけではありませんが，どんな思いで出産に臨んだのか。急な転院による出産にどんな思いがあったのか。来室した思いは何だったのかが，面接の場面で両親と対話ができると両親の気持ちや価値観が理解できるでしょう。両親の気持ちや価値観が出てくる過程でワーカーの価値観や考えを表明していくことで，両親も考えを表明してくれるかもしれません。両親自身が自分たちの考えや価値観を確認できたところからアセスメントが進み，支援計画が立てられるようになります。

（4）振り返りの課題――事後学習

① 　ロールプレイで行った面接の記録を作成しましょう。

② 　次回のアセスメント面接を行う際に，ワーカーはどんなことを確認する
　必要があるか，事柄を列挙してみましょう。

③ 　ワーカー役のあなたは，面接をしてどんな気持ちが生まれてきましたか。
　その気持ちを記述してみましょう。表出された気持ちに向き合い自己覚知
　を深めるために，その気持ちについて何を考えたのかさらに記述してみま
　しょう。

2　ヤングケアラーと呼ばれる不登校児童の支援 （演習17）

（1）演習の目的と内容

1）演習の目的

　今回の演習は，事例に対するアセスメントと短期目標の作成をすることが目的です。その際に大切なことは，ヤングケアラーをどのように捉えるかであり，その捉え方で支援計画の作成に影響が及びます。

2）演習の内容

与えられた情報に偏りがありますが，限られた情報の範囲内でのアセスメントと短期目標の作成を体験します。そこから不足している情報がどこで入手できるかを考えて，よりクライエントのニーズを明確にすることができるように思考を養います。

3）この演習を体験するにあたって――演習への参加の仕方

児童の権利に意識を向けて，スクールソーシャルワーカーが体験する事例を学びます。キーワードである「不登校」と「ヤングケアラー」の実態や抱える問題と課題を理解し，支援のあり方を模索していきます。学校分野で起こる児童の課題を地域でどのように取り組んでいくのか，社会のあり方まで視野にいれた支援を模索できる視点をもつことを目指しましょう。

4）演習にあたっての事前学習

① ヤングケアラーの実態を調べておきましょう。

② 双極性障害とはどのような症状があるのかを調べておきましょう。

③ スクールソーシャルワーカーが活用しているアセスメントシートを調べ，シートを印刷して持参しましょう。アセスメントシートが探せない場合は，演習で使用するアセスメントシートを自作しておきましょう

④ 事例を読みヤングケアラーの問題点を網羅させた「雄太君の役柄」を設定しましょう。

（2）演習の進め方

1）グループ討議①

4～5人のグループを作ります。事前学習の課題①と②を確認し合い意見交換しましょう。次に持参したアセスメントシートを確認し合いましょう。

―― 事　例 ――――――――――――――――――――――――――

小学校3年生の雄太君は，父親，母親，弟と4人家族で暮らしている。雄太君は，小さい時から双極性障害の母親のケアをする，いわゆるヤングケアラーであ

る。雄太君は小学校3年生男子の平均身長より10cm低く，体重は15kg少ない小柄な男の子だ。病気はないもののひ弱で時々熱を出す。虫歯があるが歯医者に行ったことがなく，痛みがあっても放置されている。いつも疲れた表情を浮かべているのが気にかかる。入学当時から遅刻や欠席が目立っていた。理由は朝起きられないから始まって，学校へ行く準備が整わずに登校できないとのことだった。

　3年生になってから欠席や遅刻が増え，この10か月間では70〜80日程度で，1カ月に7日間ぐらいしか登校しておらず，相変わらず登校する時も遅刻ばかりである。宿題もやってこないことがほとんどで，学力も小学1年生程度しか身に付いておらず，3年生の授業にはついていけない。授業中は静かに座っているが教員の話を集中して聞いているわけではなく，ぼんやりとしている。おそらく，説明されていることの半分も理解できていないので，座っていることしかできないのだろうと担任は判断している。唯一，絵を描くことが好きで，図工の時間は集中して絵を描き，クラスの皆からもほめられることがあり，嬉しそうな表情をしている。給食は好き嫌いなく何でもよく食べている。友達はほとんどいない。一緒に遊びたいという気持ちは持っているものの，なかなか皆の輪に入ることができない。給食の当番などは進んで行い，自分の役割を果たすことができる。

　雄太君に母親のことを聞くと，最近「死にたい」ということを口にすることがあり，体調が悪そうな時に「このまま死んでしまうのではないかと心配になる」と答えた。「もし，自分が学校へ行っているときに死んでしまったらどうしようと考えると，学校に心配で来られない」と学校へ来ない理由を担任に語っている。
　また，4歳になる弟がいて，雄太君が保育所に送り迎えをしており，着替えさせたり風呂に入れたり，食事をさせたりするのも雄太君の役割になっている。食事は父親が作ってくれるおにぎりが夕食の定番となっている。朝食はテーブルの上に置かれたパンがある時には，きょうだい2人で食べている。弟は兄のことが大好きであるが，時々世話ができずにほおっておかれたり，なぐられたりすると泣いて近所の人に助けを求めることがある。弟は言葉が遅く，オムツが外せないのが現状である。きょうだい共に何時に寝るのか何時に起きているのか，決まった生活習慣はない。きょうだいでは，テレビを見るかゲームをするかで時間を過ごすことが多い。ただ，雄太君は洗濯や掃除にかける時間も取られるため，外に遊びに行くなどの時間はない。

　母親は，結婚前から双極性障害と言われている。そのため子育てがほとんどできない状態で，一時は子どもたちの児童養護施設への入所の話が出たこともあった。今では2週間に1回，精神科のクリニックに通い，薬を飲み治療を続けている。薬の飲み忘れがあると症状が出るので，薬の管理は大切なことだと医師から言われている。ここ半年ほどうつ状態の時は希死念慮が強く出てきている。躁状態の時はほとんどの時間は外出し，子どものことや家事を気にすることもなくマイペースで生活している。

　担任が登校を促す電話をすると「雄太は，いい子でよく手伝ってくれる。勉強ができなくても元気に育ってくれればいいから。私の手伝いがあるし，学校へ行かせなくていいと考えている」と。母親は学校へ行かないことを心配している気配はなく，むしろ行かせないとまで考えている。居住地の保健センターの保健師の訪問を受けたことがあるが，うるさいことを言うので母親は不機嫌となり口論になった。それ以来，訪問には来ていない。クラス担任の家庭訪問を受けたこともあるが部屋に入れず，玄関で立ち話をしたことがある。その時は，うつ状態だったので挨拶ぐらいしかできなかった。

　父親は仕事熱心で帰りも遅いことが多く，朝は早く出かけ泊まりもある仕事であり，忙しく不規則な勤務実態である。父親が子どもたちの世話をすることはほとんどない。まじめではあるが母親や子どもたちの世話をすることが，体力的にも時間的にもできない。特に家事や子どもたちの世話は，雄太君が小さい時から妻に任せきりで経験もほとんどなく，父親自身も苦手だと感じている。現在は雄太君にも負担が大きく悪いとも思ってはいるが，今は任せる状況でしか対応方法がないとあきらめた気持ちでいる。父親は雄太君を学校へきちんと通わせてあげたいとも考えているが，本人も学校へ行きたいと言わないので放置している。妻のそばに雄太君がいることで，自分が安心して仕事ができるのが実情であると感じている。

　父親は現状について，それぞれの家庭にはそれぞれの状況があるから他人から口を出されたくないと思っている。その気持ちをクラス担任から電話があった時にそのまま伝えている。妻のことは入退院が繰り返されるなかで，医療費がいくらかかってもいいから早く治ってほしいと願っている。良い病院があるのなら良い医師に診てもらいたいとも考えている。

　雄太君の両方の祖父母は近くにおらず，普段の連絡もなくほとんど交流がない。

また，この家庭は近所づきあいに問題はないが，仲の良い人もおらず手助けしてくれる人はいない。家庭の状況を知られるのは恥ずかしいと思っているので，父親は誰にも知られたくないと思っている。近くの民生委員が時々声を掛けてくれるが，父親は家庭内のことは知られたくないだけではなく，他人の世話になることはしたくないと考え，他者へ SOS を出したこともない。父親は精神病が知られると母親が生活しにくくなるし，他人に何か言われるのが嫌だから，雄太君に家庭のことは外でしゃべるなといつも注意している。それは，父親が幼少時に精神病のあった祖母を看病した経験からそう考えるようになった。これまで，精神科クリニックの主治医だけに妻のことを相談したことはあるが，その他に他者の力を借りようと思ったこともない。

　学校に来ない雄太君のことが心配になった担任は，毎週１回，A小学校へ来校するスクールソーシャルワーカーに相談をした。

２）アセスメントシートの作成

① 　スクールソーシャルワーカーは，担任から事例に記載されている内容を聞きました。担任から提供された情報のみですが，アセスメントシートを各自で作成し，短期目標を立てましょう。

② 　支援をするにあたって不足している情報を列挙してみましょう。また，列挙した情報をどこで，誰から入手することができるかを考えましょう。

３）グループ討議②

① 　アセスメントシートを見比べて，使いやすいアセスメントシートのポイントを共有しましょう。

② 　短期目標を発表し合い，グループとしての短期目標を考えましょう。

③ 　不足している情報を発表し合い，グループでそれが妥当かどうかを考えましょう。

④ 　不足している情報を，どこで，誰から入手することができるかをグループで検討しましょう。

（3）体験の考察

1）ヤングケアラーとは

　2021（令和3）年4月にヤングケアラーの実態調査の結果が公表され，中学校2年生の17人に1人，全日制高等学校2年生の24人に1人がヤングケアラーだということがわかり支援策が急がれています。厚生労働省では，「本来大人が担うと想定されている家事や家族の世話などを日常的に行っている子ども」とヤングケアラーを定義づけています。

　また，一般社団法人日本ケアラー連盟では，「家族にケアを要する人がいる場合に，大人が担うようなケア責任を引き受け，家事や家族の世話，介護，感情面のサポートなどを行っている，18歳未満の子どものことです。ケアが必要な人は，主に障がいや病気のある親や高齢の祖父母ですが，きょうだいや他の親族の場合もあります」としています。[(2)]

2）ヤングケアラーの抱える問題

　家庭の中で子どもがきょうだいの世話や祖父母の介護を手伝えば，気の利く優しい子どもだと認識されている一面があるでしょう。問題はどこにあるのでしょうか。こうした家庭内の誰かの面倒を看ることで，子どもにとって大切な学習や遊び，睡眠の時間がとれずに基本的な人権が尊重されていない実態が浮き彫りにされています。

　また，ケアを中心に行う人材として家庭内で本人を含めて認識されることで生まれるストレスは，かなり大きなものとなるでしょう。ケアをすることで生活上にたくさんの制約が生まれているのです。

　そして，社会から「家庭内のことは家庭内で対応することが当たり前であり，子どもでも担うことが当たり前である」と認識されている側面があると，我慢して続けることが当たり前となってきます。ましてや誰かに相談して何とかしようとするパワーも生まれてきませんし，誰かに相談すべきことだとは，子どもの頃からこの環境で過ごしてきた者にとって，当たり前すぎる光景は変えるべきものでないとも考えてしまいます。

　こうした問題点がヤングケアラーの側面から考えることができます。近年，取り沙汰されているヤングケアラーだけでなく，虐待がクローズアップされれば，その観点から子どものニーズをみることができます。こうしたことが子どもの支援をするために必要となりますが，ワーカーは特別なネーミングがされていなくても子どもの現状認識を正確にし，子どものニーズを発見する力が求められています。また，こうしたヤングケアラーが課題であるという社会的認識には，敏感に情報キャッチできるよう，常日頃からの社会の動きに対して敏感になっておく必要があります。

3）クライエントのニーズ

　この演習では，ヤングケアラーとして雄太君のニーズをどう捉えるのかが問われます。アセスメントシートを作成して，そこから見えてくる問題点を挙げることができましたか。特にここで足りない情報は，現状をどのように雄太君，母親，父親が認識し，どんな希望をもっているかです。それぞれに確認していくことでニーズに合った支援が展開することができます。

（4）振り返りの課題──事後学習

① 　スクールソーシャルワーカーに合わせたフェースシートの書式を作成し，雄太君のフェースシートを作成してみましょう。

② 　家庭の全体像を示すアセスメントを500字程度でまとめて書いてみましょう。その際に，この事例をどのように認識し分析できるかが記載されていることが必要です。

3　LGBT に起因する生きづらさを抱えるクライエントの支援 （演習18）

（1）演習の目的と内容

1）演習の目的

　これからのソーシャルワーク実践においては，人々の多様な生き方やアイ

デンティティの尊重が目指されます。中でもいわゆる性的マイノリティと言われる LGBT[(3)] の人々の生きづらさに共感的理解を寄せ，一人ひとりの人権の尊重と自立（律）の支援を考えることは現代社会の急務となる課題でもあります。彼／彼女ら一人ひとりを支援するとともに，社会の側に存在するバリア（差別・偏見・固定観念や役割分業）の軽減・解決に取り組むことが求められていることを学ぶのが目的です。

2）演習の内容

地域の公共施設を会場として実施されている「放課後児童クラブ」に参加する TG（トランスジェンダー）の子どもが，周囲のジェンダーバイアスによる誤解を乗り越え，友達とともに遊び，学ぶ環境を獲得する過程の支援をメゾレベル（地域支援）の実践として学びます。

3）この演習を体験するにあたって──演習への参加の仕方

自分自身の性のあり方や性表現は，その人らしく個別なあり方・表現として尊重されなくてはいけません。演習での体験を通じて，自分自身の性のあり方や性の志向の認識を自己覚知するとともに，共に学ぶ仲間の性のあり方や性の志向を尊重して，共に学ぶ姿勢を身につけます。

4）演習にあたっての事前学習

① 　性的マイノリティについて調べ，「性的マイノリティ」とはどのような状況にある人達のことをいうのか。そして，その中で LGBT とはどのような特性を持つ人のことをいうのか調べておきましょう。

② 　ミードの役割理論と性別役割分業について調べ，理解しておきましょう。

（2）演習の進め方

┌─ 事　例 ─

　大谷祐子さんは「千葉みなと母子生活支援施設」の少年指導員であり，昨年から施設が施設内外の子ども達を対象に運営している「放課後児童クラブ」を担当している。当初は施設内で生活している世帯の子ども達を対象に，学習支援やレ

クリエーションを企画していたが，徐々に施設入所以外の世帯の子ども達が増えたので，土日や祝祭日は地域の福祉センターの一室を借りて，放課後児童クラブ（小学校低学年対象）を開催するようになった。

　ある日，放課後児童クラブに参加している伊藤美和さん（小2女児）が，福祉センターを利用する一般の利用者から厳しい口調で叱られている様子で泣いている。大谷さんが伊藤さんに理由を聞くがうつむくばかりで応えない。そこで一般の利用者に「すみません。私はここで放課後児童クラブを担当している，千葉みなと母子生活支援施設の少年指導員の大谷と言います。クラブに参加する子どもが，あなたに叱られていたようなのですが，何かご迷惑をおかけしたのでしょうか」と聞くと，その利用者は「あなたも社会福祉のプロなら，子どもに社会のルールやマナーを教えるのも役割でしょう」と厳しい口調で言われた。
　話を聞くと，伊藤さんは毎回「みんなのトイレ」（バリアフリートイレ）を使っている。以前にも注意したのだが，このセンターには男女のトイレはたくさんあるが，みんなのトイレは数が少ない。そのトイレを伊藤さんが使うので，時々排泄に介助が必要な高齢者や障害者が使えないという。利用者は「このトイレは，このトイレでなければ用を足せない人達が優先されるべき。子ども達にもっと正しい社会のルールを教えなさい」と強い口調で続けた。

　大谷さんはクラブの進行を同僚たちにゆだねると，伊藤さんと廊下のすみの椅子に腰をかけ，「　　　　A　　　　」と声をかけた。伊藤さんが落ち着くのをまって，「どうして他のトイレがあるのに，いつもみんなのトイレを使うの？」と聞くと，伊藤さんはしばらく黙って下を向いていたが，ポロポロと床に涙が落ちるのもかまわず，「私…。ぼ，僕，女の子の体いやなんだ。僕は男の子だから，男の子のトイレに入りたいけど，体が女の子だから男の子のトイレには入れない。だから，男の子でも女の子でも入れるみんなのトイレに入るしかないんだ」と言う。
　　そこで，大谷さんは＿＿＿＿＿＿＿＿＿＿＿B＿＿＿＿＿＿＿した。

1）グループ討議①──ミクロレベルの介入

　4～5人のグループを作ります。事例の空欄箇所AとBでは，伊藤さんにどのような声を掛け，どのような対応をするのかを各自で考えてみましょう。

次に，グループのメンバーと意見交換してみましょう。

① 涙をポロポロこぼしながら泣いている伊藤さんに対して，どのように対応しますか。

　　ⅰ「　A　」の声掛けについて，具体的なセリフを考えてみましょう。

　　ⅱ＿＿B＿＿ではどのような対応をするのか，具体的に考えてみましょう。

② 今後，伊藤さんの支援に活用可能な社会資源には，どのようなものが想定されるかをグループで話し合ってみましょう。

2）グループ討議②──メゾレベルの介入

今後，同様の状況が生じて伊藤さんが辛い思いをしないように，環境に対してどのように働きかける（介入する）か，次の手順に沿ってグループで話し合い，具体的な方法や内容を考えてみましょう。

① 伊藤さんの小学校での生活の様子や周囲の理解について情報収集をするには，誰とどのように連携するとよいのでしょうか。

② 伊藤さんの自宅や近隣での暮らしについて情報収集をするには，誰とどのように連携するとよいのでしょうか。

③ これからも福祉センターで放課後児童クラブを継続するには，周囲の人々（センターの利用者を含む）にどのような働きかけをしたらよいのでしょうか。

（3）体験の考察

性的マイノリティの課題は大人の社会だけの問題ではありません。小学校や中学校の教育でも，子ども達がお互いの性の多様性の尊重を理解すること

ができるように，学びの機会が用意されており，学校の制服に男女の区別を
なくす取り組みがなされています。しかし，同じ環境でもハードの部分（ト
イレや更衣室など）の改装や設備の用意は予算や手間暇がかかることから，対
応が遅れたり未着手だったりする場合があります。

　スペースが広く介助を伴う排泄に使い勝手のよいトイレは，従来「障がい
や介護の必要な方が優先」のトイレといったイメージがありました。しかし，
事例でも「みんなの」あるいは「ユニバーサル」トイレと呼称されるように，
最近では特に障がい者や高齢者の使用に限定されている訳ではなく，男女の
区別のない「みんなのトイレ」と理解されています。今回の事例は，この
「みんなのトイレ」の利用をめぐって，トランスジェンダーの特性を持つ子
どもが，自分の性的アイデンティティの理解を得られないだけでなく，誤解
から叱責されるという事態が生じています。

　この問題を解決していくためには，ミクロ・メゾどちらの課題に焦点をあ
てて，どのように問題の改善・軽減を図っていくかによって，提案される方
法も変わってきます。

　トランスジェンダーによって生起するさまざまな課題に悩んだり，傷つい
たりしている伊藤さんへの支援を勘案するのも必要不可欠な介入方法です。
併せて，これをきっかけに性的マイノリティの人々，子ども達の抱える生き
づらさや生活問題を共感的に理解し，その環境，つまり地域社会にどのよう
に働きかけるのか考えてみることも，ソーシャルワーカーの役割といえます。

（4）振り返りの課題——事後学習

　この演習ではミクロ・メゾそれぞれのレベルから，LGBT という現代社会
のソーシャルワークの課題に取り組んでみました。開発的な新しい課題に意
図的に取り組むことはできたでしょうか。この事例ではミクロ・メゾどちら
のレベルの介入にも「コーディネーション」（関係者との連携）の技法を活用
することが必要となります。

　グループで介入方法を考えた時に，コーディネーションの技法は適切に活用できたでしょうか。「ソーシャルワークの理論と方法［社会専門］」の授業のテキストや資料を活用して復習しておきましょう。

4　知的障がい者の自立支援と意思決定支援（演習19）

（1）演習の目的と内容

1）演習の目的

　登場人物それぞれの価値観と，そうした価値観が養われた背景を理解しながら，そのなかでも障がい者本人の意思を尊重することの大切さと方法について学ぶことが目的です。

2）演習の内容

　知的障がい者が親元を離れて，地域での暮らしに進んでいこうとする事例を用いています。親にとっては障がいのある子どもの生活が心配である一方で，自身の高齢化からも子離れしなければならないと考えています。また，障がい者本人は自分自身の暮らしを立てていくことに嬉しさを感じながらも，初めての経験に戸惑うことやわからないことが多々あります。いくつもの感情が去来するクライエントの支援にあたり，ソーシャルワーカーは何を大切にしながら行動するか，ロールプレイを通して学びます。

3）この演習を体験するにあたって──演習への参加の仕方

　「障がい者の意思決定支援」について学習しておきましょう。演習では知的障がいのある人の意思決定を支援するための方法に着目しながら，ロールプレイに取り組みましょう。

4）演習にあたっての事前学習

①　長く親元で暮らしてきた障がい者にとって，親亡き後の問題とはどのような問題なのかについて調べておきましょう。

②　障がい者の意思決定支援について調べておきましょう。

（2）演習の進め方

―― 事例1――インテーク ―――

　吉田健太さん（40歳）には知的障がいがある。ADLは自立しているが，排泄や入浴には見守り支援が必要である。簡単な言葉を用いた会話のやりとりはできるが，計算や将来の推測をすることは難しい。人懐こく，よく笑う人である。落ち着いた静かな場所を好み，集団活動や喧騒は苦手である。

　健太さんの家族は，68歳の父と65歳の母の3人である。日中は通所施設で過ごし，それ以外の時間は主に母親からの支援を受けてきた。しかし，母親は歳を重ねるにつれ，心身の負担面から健太さんの支援をすることがきつくなっていた。

　「親が介護できなくなったら，健太は入所施設で暮らすしかないのだろうか」と父は考えていた。父母は息子のことを終生面倒みてくれるという点で施設入所は安心だが，集団生活が苦手という障害特性や人懐こい性格を考えると，施設以外の暮らしの選択肢はないのだろうかと悩んでいた。

　健太さん本人の意思はどうなのだろうか。父母は健太さんが利用する通所施設と同一法人にある相談支援事業所で，今後の暮らしについて相談することにした。

　初回の相談では，母と健太さんが相談支援事業所に来て，相談支援専門員（ソーシャルワーカー）が対応した。母は健太さんがこの先，安心して暮らせるためにはどうしたらよいか悩んでいる。母によると，健太さんの将来については健太さんの意思をきちんと確認しなければならないと考えているが，健太さんの動揺を恐れて，まだ施設入所について突き詰めては話せていないとのことである。ワーカーは，初回面接で健太さんとの波長合わせを行うとともに，母親から現在の生活状況や困りごとを確認した。

　健太さんと母親とのつながりは強く，すぐに健太さんとワーカーとの1対1の面接を行うには関係が作れておらず，また健太さんの生活状況や嗜好が十分に理解できていない現状では困難だと考えた。そこで2回目の面接も，母親と健太さん，そしてワーカーとの面接をセッティングした。ただ，ワーカーは母親の意向を聞きつつも，今後の暮らしに関する健太さん本人の意思を確認することが必要だと考えている。

1）ロールプレイの設定

① 健太さんの役柄設定（今後の暮らしの希望と不安，家族への思い等）をしましょう。

② 母の役柄設定（現在の生活の困りごと，健太さんにはどのような暮らしをしてほしいと思っているのか等）をしましょう。

2）グループ討議①

3人のグループを作ります。健太さんの意思を確認するには，どのような配慮が必要かをグループで検討しましょう。

3）ロールプレイ

① 相談支援専門員（ワーカー）役，母親役，健太さん役を決めてください。

② 次の「事例2──2回目の面接」の逐語記録に従って面接し，ワーカーの最後の言葉「これからについて，ゆっくり健太さんのお気持ちを聞かせてほしいです」に続けてロールプレイをしてみましょう。

③ 全員が3つの役を担うためにロールプレイは3回行います。

───── 事例2──2回目の面接 ─────

ワーカー：健太さん，お母さん，こんにちは。先日もお会いしましたが，相談支援専門員の○○です。よろしくお願いします。

健太さん：こんにちは。

ワーカー：今日は，健太さんのお話をお聞きしたいと思います。健太さんがこれからどんなふうに暮らしたいのかということについてです。

健太さん：お母さんと一緒に暮らすよ。ずっとそうしてきたもん。でも最近，お母さん，一緒にプールに行ってくれないから，プールに行きたい。遊びたい。

母　　親：健太とずっと一緒にいたもんね。お母さんは，お父さんやお母さんが死んでしまっても，健太がずっと安心して楽しく暮らしてほしいと思

うな。ほら，子どものころに訓練で通った□□施設，ああいうところ
で暮らすのはどう？

健太さん：（無　　言）

ワーカー：「死」という言葉を突然聞いて驚いてしまいましたね。私は，こうし
たお話し合いを，これからしばらくの間続けていきたいと考えていま
す。まずは今，健太さんが楽しいと思っていることや，これからにつ
いて，ゆっくり健太さんのお気持ちを聞かせてほしいです。

4）グループ討議②

①　ワーカー役，母親役，健太さん役でのロールプレイから，それぞれの役
を終えた時の気持ちをまとめ，グループで共有しましょう。

②　ワーカー役でのロールプレイで難しかったこと，沈黙した場面で困った
こと等を発表し，グループで共有しましょう。

③　健太さんの意思を確認するために，ワーカー役としてどのようなことに
注意しながらロールプレイを行ったかをまとめ，グループで共有しましょ
う。

（3）体験の考察

　2021（令和3）年3月19日の社会保障審議会障害者部会（第106回）での報
告によれば，知的障害者全体に占める施設入所者数の割合は12.1％であり，
他の障害に比べると高い割合となっています。[4]この背景には，これまで知的
障がい者の介護は親や家族に依存しており，入所施設は親亡き後のセーフティ
ネットとして機能してきたということがあります。

　健太さんの親も，健太さんの安心を願って，親が介護できなくなった場合
には入所施設の利用を検討しています。しかし，現在の障害者福祉施策の方
向性をみれば，グループホームなど地域の中で暮らす方法が推進されてもい
ます。

　健太さんの思いはどうでしょうか。本人の意思を第一に考えるというのは，ソーシャルワーカーが守るべき価値の基本です。しかし，知的障がいのある本人の意思を周囲が確認するのは容易ではありません。本人との継続した関わりによる，本人の選択や意思の確認が必要です。健太さんの意思を確認するには，言葉ですべてのやりとりを行うのではなく，例えば写真やイラストなどを駆使し，情報を伝えていくことが有効かもしれません。そして，健太さんの意思についてワーカーが独断で推定するのではなく，意思決定支援に関するチーム形成も求められます。健太さんの意思決定を支援するために，どのような方法で，誰を検討のメンバーとし，どのような工夫をしながら進めていくかを考えねばなりません。

　最後に，ワーカーにおいては親の不安を理解しつつ，一方で障がいのある本人の意思を尊重し，望む生活の実現につなげていくための価値の醸成と，そのための社会資源の整備に関する知識と技術が求められています。

（4）振り返りの課題——事後学習

①　ロールプレイで行った面接の内容を記録シートに作成しましょう。

②　母親と健太さんとの間で思いや願いに違いがある場合，ワーカーとしてどのように対応するかを考えましょう。

5　知的障がい者の希望と施設コンフリクト （演習20）

（1）演習の目的と内容

1）演習の目的

　施設建設反対運動（施設コンフリクト）をテーマに，知的障がい者のグループホーム職員や障害者本人と，その地域で暮らす地域住民との価値観の違いに対しての検討を目的としています。障がい者の暮らしを守るとともに，障がい者の暮らしが地域に根差したものになるために，ソーシャルワーカーは

地域にどのように関わり続けていくかを考えます。

2）演習の内容

　グループホーム建設に反対する住民たちと，グループホーム職員とによる建設説明会を事例場面に取り上げます。知的障がい者や精神障がい者のグループホーム建設反対運動は，これまで全国各地でたびたび展開されてきました。

　演習ではグループホーム建設を反対している地域住民と，グループホーム建設を望む職員とのやりとりをロールプレイしていきます。ワーカーとして障害者の地域で暮らす権利を守りつつ，地域の中で暮らしていくための方法を考えてみましょう。

3）この演習を体験するにあたって——演習への参加の仕方

　演習では，地域住民の障がい者への偏見をいかに解消するか，障がい者の地域で暮らす権利を守るためにどのようなアクションを起こすかを考えながらロールプレイに取り組みましょう。

4）演習にあたっての事前学習

①「施設コンフリクト」の意味について調べておきましょう。

②　過去の新聞記事やインターネット等を基に，施設コンフリクトを解決した事例について調べておきましょう。

（2）演習の進め方

```
── 事例1──説明会の開催に至る経過 ─────────

　吉田健太さん（43歳）をはじめ，5名の男性知的障がい者が生活するグループ
ホームを，ある地域に建設することが決まった。しかしその後，その地域では障
がい者のグループホーム建設をめぐって反対運動が展開された。建設予定地付近
には「ホーム建設反対」と書かれたのぼり旗がいくつも立てられチラシがはられ
た。
　グループホーム建設予定地は通所施設から離れた，古くからの住宅街にある。
交通の便が良く大型スーパーや公園も近いため，障がいのある人たちにとって生
```

活しやすい場所であると考えられた。しかし，ホーム建設が決まるとすぐ，地域住民から法人事務所や市役所に連絡が入った。「なぜ，障がい者のグループホームがうちの近所にできるのか」や「私の子どもはまだ幼い小学生だ。何か危ない目にあったらどうしてくれるのか」といった声が自治会長を中心に次第に大きくなっていった。

　知的障がい者にとってグループホームは大切な生活の場所である。なんとか予定通り，この場所でホーム建設を進めたいと思い，自治会とグループホームとの間で説明会が開催されることになった。

1）ロールプレイの設定

①　各自で，地域住民の役柄設定（なぜグループホームに反対しているのか，障がい者や障がい者のグループホームに対してどういうイメージをもっているのか）をしましょう。

②　各自で，職員はグループホームが建設できたら，地域とどのような関係を結んでいこうとしているのか，職員の思いを設定しましょう。

2）ロールプレイ

①　4〜5人のグループを作ります。グループホーム建設説明会には，グループホームのサービス管理責任者と，健太さんはじめ知的障がいのある利用者の思いを代弁するホームの職員1名，そして，建設予定地の自治会長はじめ複数の地域住民が参加しています。

　よって，サービス管理責任者役，グループホーム職員役，自治会長役，建設反対の住民役を決めてください。グループが5人の場合は住民役を増やします。

②　グループホーム建設説明会では，サービス管理責任者による説明の後，自治会長や地域住民から，次の「事例2──説明会」の発言が出ました。自治会長の最後の言葉「ここに建設する必要はないと思っているんだ」のあとに，サービス管理責任者やグループホーム職員はどのような言葉を投げかけるか。ロールプレイで説明会を進めてみましょう。

---- 事例2――説明会 ----

自治会長：説明してくれるのはいいんだけど，もともと私たちが住んでいた地域
に，なぜこうした施設ができるのか。いやね，私たちも困っている人
には手を差し伸べなきゃいけないと思っているよ。人間だからね。で
も，なぜこの地域なのか。

住　　民：うちは孫が小学校に入ったばかり。障がいのある人のことをあまり知
らないから，孫が怖がるのよ。それに，そういう人は専門の病院で暮
らすほうが，その人のためじゃないかしら。

自治会長：私たちが差別心から反対しているんじゃないことはわかってほしい。
地域住民の安心と安全，そして障がいがある人の安全のためにも，こ
こに建設する必要はないと思っているんだ。

3）グループ討議

　グループでロールプレイを通して考えたことを話し合いましょう。そして，
施設コンフリクトの解決方法を検討しましょう。

（3）体験の考察

　毎日新聞が行った調査によると，2014（平成26）年10月から2019（令和元）
年9月の5年間で，障がい者施設が住民の反対で建設できなくなったり，建
設地を変更せざるを得なくなったケースは68件です。障がいの種別でみると，
知的障がい者や精神障がい者に関する施設への反対が全体の7割を占め，建
設が反対される理由は「障がい者を危険視」「住環境の悪化」「説明が不十
分」というのが多いことが明らかになっています。⁽⁵⁾

　社会福祉士の倫理綱領には，社会に対する倫理責任として，ソーシャル・
インクルージョンや社会への働きかけ，グローバル社会への働きかけが規定
されています。ソーシャルワーカーは施設コンフリクトを解消するために，
どのようなアクションを起こせばよいのでしょうか。

　これまで施設コンフリクトを経験してきた福祉従事者たちは，地域との関わりを継続してきました。施設を開放し地域住民にも使用可能にする，楽しみながら障がい者理解を深める取り組み（食事会や障がい者スポーツイベント等）を行っていくなど。地道な活動の継続により，住民による反対運動が解消されていった例があります。こうした取り組みは障がい者が地域で生きていくための権利擁護活動となります。

　皆さんは障がい者の理解を深めていくために，どのようなアクションを起こすかを考えてください。そして，なぜ地域住民たちは施設コンフリクトを起こすのか，その背景にある障がい者差別が生まれる理由についても考えてみてください。

　また，今回の演習は，障がい者支援におけるミクロ・メゾ・マクロ支援であることも確認しましょう。この事例に即せば，ミクロレベルではワーカーによる障がい者個人への個別支援が行われます。メゾレベルではワーカーによる住民相手の説明会といった組織を対象にした働きかけが行われています。そしてマクロレベルではワーカーによる地域全体を対象にした働きかけが行われます。ソーシャルワークにおいては各レベルが互いに関連し合いながら展開されます。そうした視点を養うことが必要です。

（4）振り返りの課題──事後学習

　ソーシャル・インクルージョンについて調べましょう。その上で，1つの差別事例を設定し，その解決に向け社会福祉士は何をすべきか，何ができるかということについて1,000字程度でまとめましょう。

注

⑴　米村美奈「終末期患児の家族へのソーシャルワーク支援」『臨床ソーシャルワークの援助方法論──人間学的視点からのアプローチ』みらい，2006年，83-90頁。

⑵　一般社団法人日本ケアラー連盟 HP（https://carersjapan.com/，2023年2月25日アクセス）。

⑶　Lesbian（レズビアン），Gay（ゲイ），Bisexual（バイセクシャル），Transgender（トランスジェンダー）の頭文字をとって性的マイノリティの人たちの通称。今日では性的マイノリティの理解も多様化し，その特性に応じてさらに呼称が細分化されているが，本章では総称として LGBT を用いる。

⑷　厚生労働省社会援護局障害保健福祉部「資料1-1　障害保健福祉施策の動向等」2021年（https://www.mhlw.go.jp/content/12601000/000763127.pdf，2021年8月12日アクセス）。

⑸　上東麻子・千葉紀和「障害者施設反対68件　21都道府県，中止・変更　毎日新聞調査」「毎日新聞」2019年12月23日付，千葉紀和・上東麻子『ルポ「命の選別」──誰が弱者を切り捨てるのか？』文藝春秋社，2020年，99-101頁。

参考文献

名川勝・水島俊彦・菊本圭一編著，日本相談支援専門員協会編集協力『事例で学ぶ福祉専門職のための意思決定支援ガイドブック』中央法規出版，2019年。

<table>
<tr><td>第5章</td><td>事例を活用したソーシャルワーク
アプローチの試行⁽¹⁾</td></tr>
</table>

1　危機介入アプローチを活用した支援関係の形成 (演習21)

（1）演習の目的と内容

1）演習の目的

　迅速な支援（介入）を必要とする場面で，ソーシャルワーカーが「危機介入アプローチ」の手法を活用して，クライエントが体験した心身の傷つきや強い喪失に対して，どのように初期対応するのかといった専門的介入方法を学ぶことが目的です。

　危機介入アプローチは，その人や家族などの集団がそれまでの生活で獲得してきた対処方法では対応できないような危機（親しい人との離・死別，被災，被虐待など），特に予期できなかったような危機に出会った時に生じる感情的混乱や，そこから生じる生きづらさに介入していきます。

　できるだけ早く，精神的な安定を回復することを目標とし，必ずしも問題そのものの解決を目指すわけではありません。

2）演習の内容

　生活困窮者の相談窓口に，激しい感情・葛藤を表現しながら駆け込んできた相談者への支援事例から学びます。事前の約束もなく，相手がどのような生活背景をもった人であるかもわからない状況で，その感情・葛藤をまず受け止め，そしてワーカーの介入によって，コミュニケーションが可能な相談場面へと展開していく過程と介入方法の留意点を学びます。

3）この演習を体験するにあたって──演習への参加の仕方

　「生活困窮者への支援（制度やサービス）」と「危機介入アプローチ」に関する基礎知識がなければ，演習の課題に対して「ソーシャルワーカーらしい支援の姿勢」で取り組むことはできません。演習の目的で述べたように，「危機介入アプローチ」はクライエントの抱える問題そのものの解決を目指す手法ではありませんが，養成校での講義や演習で学んできたように，現代社会には各種の虐待や災害など，ワーカーの迅速で洗練された介入を必要とする事象が少なからず存在しています。

　クライエントの抱える問題が深刻だったり，難解だったりした場合，ワーカーには十分な専門知識と多様な支援方法を統合した介入が求められます。実践事例から将来体験するであろう場面を想定しながら専門職らしく思考をめぐらせてみましょう。

4）演習にあたっての事前学習

①　危機介入アプローチの特徴を調べ，ノートに記載しておきましょう。

②　現代社会ではどのような「生活困窮問題」が生じているのか調べておきましょう。

（2）演習の進め方

```
―― 事例1──突然の来所（危機の顕在化）―――――――

　生活困窮者自立相談支援事業を行政から委託されているNPO法人「たすけあい」の相談窓口に，35歳の女性が「誰か私を助けて」と叫びながら，その場に座り込み泣き始めた。受付担当の相談支援員がカウンターを出て女性に駆け寄り声を掛け，とりあえず受付カウンターの椅子をすすめた。
　しかし，女性は相談支援員の手を振り払うように，「助けて，誰か助けて，私もう死ぬしかない」と叫び続ける。周囲には他の相談者や支援のボランティアなどがいて遠巻きにしている。その声を聞き駆けつけた先輩の主任相談支援員（以下，先輩ワーカー）が再び女性に声を掛けた。
```

1）グループ討議①

4～5人のグループを作ります。相談窓口で泣き出してしまった女性に，危機介入アプローチを活用して対応してみましょう。事前学習で調べた危機介入アプローチの介入の留意点や方法を参考に，グループで次の3点について話し合いましょう。

① 女性との支援関係の形成において，どのような点に留意するか。
② 女性と相談可能な面接へと展開するために，どのような環境設定をすることが必要か。
③ これから女性を支援していくにあたって，関係機関からどのように情報収集をしたらよいのか。

── 事例2──インテークへの導入（準備期）──

先輩ワーカーは相談支援員に周囲の人を遠ざけるよう頼むと，女性の傍らにしゃがみ込み，姿勢を低くして「そんなに辛いんですか」と静かに話しかけた。

女性は「辛いわよー！　辛いからここに来たんでしょう」と嗚咽交じりに叫び続け，涙と鼻水が入り混じって顔をつたう。先輩ワーカーはティッシュペーパーを渡しながら少し近づき，再び「辛いんですね」と声を掛ける。女性は「だから辛いって，言っているでしょ」と叫びながら，ティッシュの箱をたたき落としかねない勢いで紙を何枚か抜きとった。先輩ワーカーは静かに側に座っている。

女性は「何見ているの！」と周囲に悪態までつき，徐々に声は枯れはじめ，また涙が床にまで落ちた。先輩ワーカーは女性の背中に手を置き，今度は黙ってティッシュを差し出した。「だから……」と繰り返し女性は言葉にならず，嗚咽をもらしながらも，渡されたティッシュで顔を拭いたり，鼻をかんだりしはじめた。そして，フウーと大きく吐息をもらす。

そのタイミングで先輩ワーカーはゴミ箱を差し出しながら，「わかりました。ゆっくりお聞きしますから，あちらで座って話しませんか」と間仕切りの先のソファを指さした。

2）グループ討議②

事例2の場面で，危機介入アプローチの手法として意図的に展開されたのは，先輩ワーカーのどのような介入だったのか。良かった点，もう少し工夫ができたのではないかと考えられる点をグループで評価しましょう。

── 事例3──インテーク（開始期）──

　女性は汚れたティッシュペーパーを手の中で一まとめに丸めると，テーブルの上に置いた。そして誰に言うともなく，「のどがガラガラ（乾いて声もかれた）」とつぶやいた。先輩ワーカーは，「ちょうど冷たい飲み物がありますよ。よかったら，あちらの部屋で飲みませんか？」と声を掛けた。すると「私，お水がほしい……」と女性は下を向いたまま，応えるともなくつぶやいた。先輩ワーカーはあえて応答せず，「こちらへどうぞ」と女性をソファから近くの相談室へと案内した。2人の応答を聞いていた相談支援員は，おしぼりと冷えた水を用意した。

　女性と先輩ワーカーが相談室に入ると，「落ち着かないから，ドア閉めますね」と女性に断り相談室の扉を閉めた。扉が閉まるか閉まらないかの間に，女性はゴクゴクと音を立てて一気に水を飲み干した。先輩ワーカーは，「私，お茶を飲もうと思うのですが，飲みますか？」とたずねた。女性は黙ってうなずいた。

　そこで，先輩ワーカーは自ら立って，ゆっくりぬるめのお茶を入れた。その間に女性は部屋の様子を眺めたり，自分の荷物を確かめたりと落ち着かない様子だったが，お茶を飲み干すと「美味しい」と少し落ち着いた声音でつぶやいた。「もう一杯飲みますか？」とたずねると，黙ってうなずいた。

　そこで，今度は少し熱く濃い目のお茶を出し，「どうぞ，あなたのペースで話したいことをお話ください。ちょうど，災害支援用の食料品の用意があるので，後でお持ちください」とレトルト食品や缶詰を差し出すと，女性は「いいの？本当に助かる！」と初めて笑顔になった。

3）グループ討議③

事例3の場面で，危機介入アプローチの手法として意図的に展開されたのは，先輩ワーカーのどのような介入だったのか。良かった点，もう少し工夫ができたのではないかと考えられる点をグループで評価しましょう。

（3）体験の考察

　危機介入アプローチでは人や家族が直面する危機の特性に応じて，まず心身・行動の安全の確保を試みます。この事例では衆目のある受付カウンターで相談者が泣き叫ぶ事態となっており，相談者の行動や心，さらには不必要な差別や先入観といった社会的な安全も脅かされる状況です。よって，人目をさけ，職員チームが連携可能な相談スペースへと移動することが最初の準備として必要になります。

　そして面接によって，①感情表出をうながし，今抱えている精神的問題へ対応していきます。ここでは相談者が，「私もう死ぬしかない」とまで訴えている危機がどのようなものなのか。まずその本人が受け止めきれない感情に焦点を当てて，積極的傾聴によって感情の表出と受容を試みます。

　そして問題解決そのものを目的とせず，②相談者が落ち着いて支援を利用できるようになるよう，混乱した気持ちを受け止め，③相談環境が相談者にとって安全・安心な場所であることの理解を促します。

　こうした危機介入は人や家族（集団）が抱える危機の特性によって，介入期間や目標の設定が変わってきます。どのような危機にどの程度の期間（スパン）で対応するのかを「ソーシャルワークの基盤と専門職」や「ソーシャルワークの理論と方法」のテキストなどで復習しておきましょう。

（4）振り返りの課題──事後学習

　「危機介入アプローチ」を活用した介入方法について事例から体験しました。事例1～3についてのグループ討議から，次の点についてどのように考えましたか。

①　迅速な対応だからこそ，アプローチの中に一定の手順と明確な視点が明示されているでしょうか。
②　ソーシャルワークの支援における知識の活用の必要性はありますか。

2　心理社会的アプローチからクライエントの理解を深める（演習22）

（1）演習の目的と内容

1）演習の目的

　この演習は，心理社会的アプローチを活用してクライエントの理解を深めることを目的としています。心理社会的アプローチは，クライエントを「状況のなかの人」として理解し，生活において解決を要する諸課題は，その「人」とその人がいる（おかれている）「状況」や「環境」と，その両者の間に生じる「相互作用」といった三重の関連性から生じる社会的ジレンマに起因すると考えられています。

　心理社会的アプローチは，アセスメントし，すぐに取り組むことのできる目標を暫定的に設定して，課題の軽減とこれから取り組むべき課題の優先順位を決定していきます。心理社会的アプローチの支援方法を用いている本演習から，クライエントの理解を深めることを目的とします。

2）演習の内容

　演習21では，危機介入アプローチを使った初期介入の方法を学びました。そこでは，危機介入時に感情表出を促し，緊張感の高い危機的場面から落ち着きを取り戻していくことを目指していました。

　この演習22では，同じクライエント（木村古都美さん）の事例から，次の展開を学んでいきます。「……もう死ぬしかない」と切羽詰まった危機状態から支援を受けて回復したクライエントの抱える，経済的問題への支援方法を学びます。

3）この演習を体験するにあたって──演習への参加の仕方

　ソーシャルワーカーが現場において支援を実践する際は，クライエントと関わる前にどの理論，どのアプローチを活用するのかを決定することはできません。あくまでも，目の前に身を置きながら，クライエントと関わりなが

ら，どの理論やアプローチを活用することが適切なのかを検討しながら進めていきます。ベテランのワーカーはクライエントと出会いながら，流れの中で理論やアプローチを選択し進めていきます。

　ここでは学習上の方法として，心理社会的アプローチを活用することを前提に事例を読み考えていきましょう。

4）演習にあたっての事前学習

　事例を読み①〜④について調べておきましょう。

①　生活困窮者自立支援法における自立相談支援事業が，どのような内容ですか。

②　クライエント（35歳女性）が利用できそうな社会資源は何でしょう。

③　インテークにおいてどのような情報を収集したらよいか，項目を挙げましょう。

④　心理社会的アプローチの特徴について調べましょう。

（2）演習の進め方

```
── 事例1──インテーク ─────────────────

　先輩ワーカーの対応で危機状況から落ち着きを取り戻した女性に，改めてインテーク担当の相談支援員（ソーシャルワーカー）が話を聞くと，次のように話を始めた。
　「木村古都美といいます。ひとり暮らしをしています。勤めていた会社が1年前に倒産し，預金もなくアパート代も支払えなくなり，生活が出来なくなってしまった。手持ち金は1万2,000円しかないです。この10か月間ほど母親からの仕送りも途絶えている。母親が仕送りを続ければ済むことなのに，私の大変さを理解せずに一方的に連絡も途絶えさせている。いい加減な母親だ。15万円ぐらい娘のために支払い続ければいいんだ！」と怒った口調で一気に話す。それから続けて「お金さえあれば何とかなるのに」と言った。
```

1）クライエント役の設定

　ワーカーとクライエント（木村古都美さん）の面接場面のロールプレイを行うために，①〜⑥の項目についてクライエント役の設定を考えて下さい。

① 家族構成，現在の生活状況，生活歴

② 学歴，職歴，求職活動状況

③ 相談窓口に何を望んで来所したのか

④ 母親はどんな人か，また，どのような親子関係だったか

⑤ これからの生活をどのようにしようと考えているか

⑥ 現在の心境はどのような感じか

2）事例の読み合わせ

　2人1組になり，ワーカー役とクライエント役を決めてください。「事例2——面接」の逐語記録の通り面接を行いますが，その前に心理社会的アプローチを活用した面接を学ぶために，それぞれの役割を演じながらセリフを読み合わせてみましょう。逐語記録とは面接での応答をそのままの言葉で記録におこし，感情表現など必要な注記を加えて，面接をありのままに近い形で再現したものです。

　「事例2——面接」は，危機介入が終わったのちにクライエントが希望して話を始めた面接です。役割を変えながら2回読み合わせると理解が進みますが，両方の役割を体験して，アプローチへの学びを深めましょう。

3）ロールプレイ

① 　2人で次の②を確認した後に，心理社会的アプローチを用いて「事例2——面接」のロールプレイをしてみましょう。

② 　この面接では，心理社会的アプローチを実践的に学ぶために，経済的支援を行うことを第一の目的とせず，木村さんの気持ちの部分に焦点を当てます。そして，木村さんの現状がどのような状況で形成されてきたのかを

理解することを目指してロールプレイをして下さい。

③　1回終わったらクライエント役とワーカー役を交代して行いましょう。

④　ロールプレイが終わった後に，心理社会的アプローチとして意識した点をお互いに話し合いましょう。

── 事例2──面接 ──

木村さん：お金さえあれば何とかなるのに……。

ワーカー：経済的なことがお困りということなんですね。かなりお困りということなんですね。もう少し，詳しくあなたの話をお聞きしたいのですが。

木村さん：何か，生活保護があるって知人から聞いたけど，そういうので助けてくれないの？　困っている人には，国が助けてくれるんじゃあないんですか。

ワーカー：生活保護制度というものはありますが，利用するための基準もありますので，あなたの生活のお話をもう少し詳しく伺わせて下さい。どんな会社にお勤めだったのですか？

木村さん：小さな会社で1年前頃からアルバイトをしていたんです。社長が4年前に急死して，社長が変わってから業績がどんどん悪化して，倒産してしまいました。アルバイトですから退職金もないし，失業保険も受けられないし……。
私は高校を中退しているから求人票を見て，10社以上に履歴書を送っても面接さえしてもらえないことが続きました。もう，求職活動してもどうせ無駄ですし，面倒なのでやめました。あとはやる気も出てこなくて，何もしない日が続いていました。

ワーカー：どんな会社に履歴書を送ったのですか？

木村さん：大きな会社は無理だから，小さい会社で学歴不問のところに送っていました。別にやりたいこともないし，特技もないし，どこでもよかっ

111

　　　　　　たんだけど。でも，外で働くとか，倉庫で働くとか体を使う仕事は疲
　　　　　　れるので嫌ですから，事務の仕事ばかりを探していました。

ワーカー：お仕事を限定されて探していたんですね。お話が変わりますが，おひ
　　　　　　とり暮らしということですが，仕送りしてくださったお母様は近くに
　　　　　　お住まいですか？

木村さん：母の住まいがどこにあるか知りません。知らせてもくれませんし，聞
　　　　　　きもしませんでした。お金を振り込むだけですから，何かあれば電話
　　　　　　で連絡するだけです。母は会いたいようなことを一度言ってはきまし
　　　　　　たけど，私には，その気がありませんでした。
　　　　　　今はひとり暮らしですけど，会社が倒産する前は恋人と住んでいまし
　　　　　　た。お金がなくなったから彼氏も出て行ってしまいました。まぁ，そ
　　　　　　の恋人だけではなく，何人もの恋人が通り過ぎていきましたけど……。

ワーカー：彼氏が通り過ぎたという言い方が気になるのですが，どういうことで
　　　　　　すか？

木村さん：半年ぐらい付き合った人もいましたが，3週間ぐらい付き合ってすぐ
　　　　　　に別れた人もいます。肉体関係だけが目的で，ろくに話をせずに出会
　　　　　　った人も多いです。じっくり付き合うわけでないから通り過ぎるなん
　　　　　　ですよ。こんな話をするといい加減な人間だってバレますね。
　　　　　　そうだ，恋人の話をしていて変なことを思い出した。母から，人の言
　　　　　　葉尻を捕らえ，言葉だけに捕らわれすぎていると非難されたことがあ
　　　　　　るんです。（人の言っている言葉の意味を考えろと注意を受けたとい
　　　　　　う意味）
　　　　　　母から言われて「自分にはそういうところがある？」と当時の恋人に
　　　　　　も聞いたところ，「そんなところがある」と言われたんです。何でそ
　　　　　　んなことを思い出したんだろう。

ワーカー：そう答えた恋人に何と返事をしたのですか？

木村さん：別に何も……。どう言っていいかわからなかったし……。どういう意

味だったんだろう。

ワーカー：もしかすると，その恋人は自分の気持ちに気づいてほしい。あなたに
　　　　　何かを言ってもわかってくれないと思っていたので，「そんなところ
　　　　　がある」と言ったのではないのでしょうか。

木村さん：そうかも……。その恋人とはすぐに別れました。別れる時に私の財布
　　　　　から黙って1万円抜いて行ったのです。別にいいのだけれど……。

ワーカー：恋人が1万円抜いていったというその気持ちと，あなたが母親に対し
　　　　　て15万円ぐらいの金銭援助をさせてもいいのだ，当たり前だと最初に
　　　　　おっしゃっていた気持ちと同じではないですか。私にはその行動は同
　　　　　じように思えましたが。

木村さん：そうかもしれないですね，考えたこともなかったけど……。自分を傷
　　　　　つけ，理解してもらえなかった気持ちを，お金で償ってみたいな意味
　　　　　なんですかね……。

ワーカー：そうなのかもしれませんね。あなたは，お母様には愛情がないと最初
　　　　　におっしゃっていましたが，愛されていないと感じているということ
　　　　　ですか？

木村さん：そうです，私は「かわいくない」「産むんじゃあなかった」と毎日の
　　　　　ように言われ続けて育ちました。ひどい母親です。父はそんな母が嫌
　　　　　になったのでしょうね。家を出ていきました。

ワーカー：だから今，愛情がなく育てたお母様にせめて経済的援助で償えという
　　　　　意味で，仕送りは当たり前と思うのでしょうかね。さっきの恋人も，
　　　　　あなたが真剣に付き合ってくれないという不全感や怒りが，1万円を
　　　　　抜いていく行為になったのではないでしょうか。せめて1万円でと。
　　　　　恋人が通り過ぎていったと先ほど言っていましたが，その人達はあな
　　　　　たに対し，どんな気持ちで離れていったのでしょうか。

木村さん：（ハッキリした表情で）
　　　　　離れていった恋人を傷つけていたのかもしれませんね。今までそんな
　　　　　こと考えたことありませんでした。
　　　　　（以下略）

（3）体験の考察

　事例１の場面を振り返って考えてみましょう。面接当初，木村さんはどこか他人事のように話し，周囲の人に対して常に傍観者的態度に終始していたようでした。事例２の面接では，母親から毎日のように暴力的な言葉を言われていたこと，幼少時に父親が突然家を出ていったのは母親に原因があることなども語られました。

　面接の後半では，「自分の気持ちを自分でも気づかないうちに表現しないようにしていた」ことを語りました。そして今でも「母親に子どもの時の辛さを理解してほしい」と語り，それは「母親に対し，自分を理解して受け入れてほしい」という気持ちがあるということではないかと話し合いました。

　木村さんは，今まで生活してきた上で行ってきたことや考え方は，どういうことに由来するのかを見出しはじめました。自分が今まで母親をはじめ，人との関わりに距離を取り，どこか身を入れて行ってこなかった（身を入れることが恐かったため，無意識的に避けた）からだと理解しはじめると，主訴である「経済的な問題」についても，より具体的に解決策を考えはじめるようになりました。

　この後の３回目の面接で，木村さんはどのようにしたら毎日の生活のなかで支出を減らすことができるのか，収入を増やす方法はないかと考え，実生活に即した経済設計を，毎日記入しはじめた金銭出納帳を持参しながら積極的な態度で相談しはじめました。そして，仕事を真剣に探したいと言いはじめ，就職活動にも身を入れました。さらに，日常生活の上でも節約を考え，経済的計画を練り，経済的問題解決への取り組みが始まりました。

　事例 1 の段階で，自分自身の生活問題もどこか他人事のような受けとめ方をしていた木村さんの態度が，ワーカーは非常に気になりました。しかし，相談経過の中で経済的困窮がどこから派生しているのかを自身が考えはじめ，自らの言動を振り返ることにより，生き方の根幹に関わっていることに気づいていきました。そして，木村さんが生き方を問いはじめると同時に，自らの現実生活の問題にも本気で取り組みはじめました。

　木村さんの経済的課題は，母親からの虐待を疑わせるような暴力的な言葉を浴びせられた生活状況や，さらに父親からも捨てられた実態と強い思いによって，愛着形成が乏しいことから派生したことがわかってきました。こうした状況で幼少時代を過ごしたことで，根深い両親に対する不全感は，母親が仕送りすればよいのだと他罰的な態度となって現れていました。そのために就職活動にも真剣になれずに，経済生活上の生活費の切り詰める工夫もしていませんでした。このようにクライエントの生活歴を知ることによって，ワーカーはクライエントへの理解を深めることができました。

（4）振り返りの課題——事後学習

　事例 1 と事例 2 から心理社会的アプローチの特徴を確認し，次の課題を行いましょう。

①　クライエントが初めに「生活保護」のことを話題にしましたが，ワーカーはなぜ，すぐに制度の説明等をしなかったのでしょうか。

②　ワーカーは，「通り過ぎたという言い方が気になるのですが，どういうことですか？」と質問をしていますが，この質問によって何を明らかにしたいと考えたのでしょうか。

③　クライエントが経済的に困窮していった要因を 3 つ以上挙げてください。

④　経済的困難から改善に向かわせた，クライエントの心理的な動きを

説明してください。

3　行動変容アプローチを活用した介入方法 (演習23)

（1）演習の目的と内容

1）演習の目的

　生活困窮の問題を抱えるクライエントへの支援について，「行動変容アプローチ」を活用した介入方法を検討することが目的です。

　行動変容アプローチは，利用児・者が抱える問題やその問題行動の原因・動機にさかのぼることをせず，現在生じている自立や自律を困難にする生活上の行動そのものに焦点を当て，その行動自体を行わないようにしたり，別の方法を学習（獲得）したりして，行動を変えることができるようになることをめざします。まず，行動自体を変えることで生活上の不安や問題を軽減することを目的とするアプローチです。

2）演習の内容

　あなたの勤務するNPO法人「たすけあい」は，行政から生活困窮者の自立相談支援事業だけでなく，「家計改善支援事業」も委託されています。

　木村さんは現在，生活保護を受給していますが，なかなか家計管理ができません。何とか自立しようと就職活動もしてみたのですが，それも長続きしません。そのため生活保護の担当ワーカーから，「家計改善支援事業」の依頼がありました。

　あなたはこれまでも木村さんの支援を担当してきましたが，ここでは従来の支援関係をふまえて行動変容を活用し，従来の課題の中から比較的木村さんが取り組みやすい課題をみつけて一緒に調整します。

3）この演習を体験するにあたって──演習への参加の仕方

　生活困窮の問題を抱えるクライエントの支援に必要な基本的な知識，生活支援の方法を確認しておきましょう。また，コンビニや100円均一ショップ

等で購入したレシートを数枚用意し，授業時に持参してください。

4）演習にあたっての事前学習

① 　行動変容アプローチの介入方法を調べておきましょう。

② 　家計管理ではどのような生活費の出納を管理するのか，費目を確認しておきましょう。

③ 　100円均一ショップ等で金銭出納帳を買うか，インターネットで書式を検索して用意しておきましょう。

（2）演習の進め方

── 事例1──無関心期 ─

　木村さんとの支援関係も一定の安定をみせ，何か具体的な課題に取り組んで生活の改善を目指すこととなりました。

　担当ワーカーのあなたは木村さんに，「今の自分の生活を少し立て直すとしたら，まずやってみたいことはどんなことですか？」とたずねました。

　木村さんは「これまで話してきたように，その場その場の自分の感情で行動してきたから，何かしてみようとか，目標を立てたりなんてことはしたことないから，そんなこと聞かれてもわかりません。ワーカーさんは毎回難しいこと言うから困っちゃうよ」と少し不機嫌になりました。

1）グループ討議①

① 　4〜5人のグループを作ります。どのような課題だったら木村さんの関心をひいて，一緒に目標や課題を設定できるでしょうか。ここまでの支援経過を見直して，行動変容アプローチを活用して取り組むことができそうな課題を挙げてみましょう。

② 　その課題に取り組むことを提案した理由，取り組むことにより期待できる効果を考えてみましょう。

―― 事例2 ――関心期 ―――――――――――――――――――――

　ワーカーは木村さんに，「私が手伝いますから，少しずつ生活を立て直すことを考えてみませんか？」と提案すると，「それは仕事を探すってことですか。前にも話したように，就職活動したってうまくいきっこないし，ちょっとハードル高いな」とのこと。

　そこでワーカーは「まだ就職までは考えなくてもいいから，まず生活保護のお金をうまくやり繰りして，とにかく1か月，食べ物に困らないようにしてみませんか」と提案した。

　「やり繰りって？」と木村さんが聞くので，「そうですね，生活保護のお金から1か月の食費を取り分けて，それを4週間に分けて，その金額に1週間の買い物を収められるよう，一緒にやりくりしてみませんか？」と提案した。

　「できるかしら？」「何だか難しそう」と木村さんはやや消極的です。

　「　　　　　　　　　　　A　　　　　　　　　　　」

　すると，木村さんは「そうね，まずは何かから始めないとね。それで何をしたらいいんですか」と聞いてきた。

　「　　　　　　　　　　　B　　　　　　　　　　　」

―――――――――――――――――――――――――――――――――――

2）グループ討議②

① 事例の「　A　」の箇所。あなたがワーカーだったら，木村さんにどのように語りかけますか。それを発表しグループで話し合ってみましょう。

② 事例の「　B　」の箇所。どのような提案をしたら木村さんの関心を引くことができるでしょうか。それを発表しグループで話し合ってみましょう。

―― 事例3 ――準備期 ―――――――――――――――――――――

　木村さんとワーカーは家計管理の練習のために，100円均一ショップに行き必要な物を購入することにした。

　ショップに行くと，木村さんはあれやこれや関心を示して，次々に品物を買い物かごに入れようとします。ワーカーは，「木村さん。私，今日買い物リストを作ってきたんですよ」と声をかけた。木村さんが「買い物リストですか？」と面倒くさそうにワーカーの方を見ると，ワーカーは木村さんが大好きなキャラクターが描かれたメモ帳を示した。メモ帳には「木村さんと一緒に用意するもの」

と書かれており，家計管理に必要なものがわかりやすく整理されていた。

　木村さんは「わあ，□□ちゃん（キャラクターの呼称）だぁ。じゃあ今日は□□ちゃんをヒントに買い物しますね」と買い物かごを持ち直して，メモに書かれたものを探しはじめた。

　ワーカーは最初の商品を元の棚に戻して，メモ帳に書かれたものを揃えてきた木村さんと会計カウンターに並んだ。よく見るとメモ帳にないお菓子がひとつ紛れ込んでいたが，それには気が付かないふりをした。

　会計が終わると木村さんが，「この何とか帳って何ですか。メモにあるから買ったけど」とワーカーに聞きました。「出納帳って読むんですよ。お小遣い帳ってわかりますか。子どもの頃お小遣いをいくらもらって，それを何に使ってと，ノートにつけませんでしたか」とワーカーが説明すると，木村さんは「あ，それ，家庭科でやりました。でもやり方，憶えているかなー？」という。

　するとワーカーは，「一緒にやってみましょう」と応えました。

3）出納帳への記入

　実際に持ち寄ったレシートを使って，分類した費目に沿って品物と金額を事前に用意しておいた出納帳（シート）に記入してみましょう。

事例4——行動期

　木村さんは買い物をしてもレシートをとっておくことができず，お金は減っているのに，何を買ったのかよくわからない状態だった。

　そこで，ワーカーは　　　　　　　　　　　　　　C
をしてみた。そうすると，ようやく木村さんはレシートをとっておくことができるようになった。

　1週間分のレシートがたまるとセンターにやってきて，ワーカーが一緒に費目分けを手伝い，1週間分の買い物の状況を出納帳に記入した。

　すると，木村さんの買い物は▲▲が多く，それが食費を圧迫していることがわかった。（▲▲は整理した買い物結果を想定してください）

　そこで，ワーカーは再度，木村さんが好きなキャラクターのメモ帳を用意し，「月曜日」「火曜日」と1枚1枚に曜日を書き込んだ。そして，「買い物に出かけるとき，このメモに何を買うのか，□□ちゃん（キャラクター）と話し合って決めてから買い物に行きましょう。一日の買い物はこのメモ1枚に収まる量にしま

しょう」と提案した。

　木村さんは，「□□ちゃんと約束ね。わかりました。でも，何を約束したらよいのかわからないから，これだけは買った方がよいというものを書いておいてくれますか」とワーカーに頼んだ。

　そこで，最近の木村さんの買い物の様子を確認して，1日当たり2つずつ書いておいた。メモ帳の残りのスペースは木村さんの字の大きさだと，あと4つか5つ買える程度だった。

4）グループ討議③

　事例の「　C　」の箇所。あなたがワーカーだったら，木村さんにどのように語りかけますか。それを発表しグループで話し合ってみましょう。

事例5──維持期

　それから2か月間，木村さんは時々メモ帳の裏側まで買い物リストを作ってしまったり，リストを忘れて買いすぎたりすることもあった。しかし，メモ帳と買い物のバランスがうまくいったときなど，ワーカーが「よくできていますね」「すごいですね，計算ピッタリ」などと伝えた。しだいに出納帳への記入を続けることができるようになり，徐々に自分でも「あー，無駄な買い物しちゃった」と自己管理できるようになっていった。

　そしていつしかキャラクターの貯金箱を用意していて，1週間分の食費の余りを貯金するようになっていた。木村さんは「貯金箱に小銭を入れると，音がしますよね。なんか□□ちゃんが，がんばったねって，言ってくれるみたいでうれしくて。お金たまったら，□□ちゃんが好きな◇◇買うんです」と明るく話してくれた。

5）グループ討議④──肯定的フィードバックの共有

　事例4と5を読んで，ワーカーが木村さんの行動変容を促すために肯定的なフィードバックをしている箇所をノートに書き出し，この効果についてグループで話し合ってみましょう。

（3）体験の考察——行動変容アプローチを用いた事例

　この演習では，木村さんの生活課題のうち金銭管理に焦点を当てて，その課題の背景，つまりなぜ木村さんは金銭管理ができないのかといった，原因をアセスメントするのではなく，ワーカーがモデルになりながら金銭管理の方法を学習し，まずは金銭管理ができるようになることを目指す支援方法について学びました。

　出納帳を使って金銭管理をしても，木村さんが就労や生活の安定に問題を抱えていることは簡単に解決していきません。しかし，何か1つでも調整したことができた（目標を達成できた）ことが自信，つまりクライエントの自己肯定感となって，ワーカーと一緒にさらに困難な課題に挑戦しようとする動機づけにつながっていくことが大切です。

（4）振り返りの課題——事後学習

① 「ソーシャルワーカーがモデルになる」ためには，どのような点に留意が必要だと考えますか。

② 「肯定的なフィードバック」をするために，自分にはどのような課題があると認識しましたか。

4　ナラティブアプローチの活用——クライエントの語りに耳を傾ける（演習24）

（1）演習の目的と内容

1）演習の目的

　この演習は，すぐに生活上の問題解決を目指すための面接を行うのではなく，クライエント自身が問題解決のための力を発揮できるように，自身の内面に目を向け問題を特定させていく過程を学ぶことが目的です。特に心理的な側面への支援が目的になります。心理的な支援によってエンパワメントされ，生活の取り組み方への変化がみられることがソーシャルワークのあり方

といえます。

2）演習の内容

「ナラティブアプローチ」の方法をロールプレイで活用することで，その方法を学んでいきます。まずは，クライエントの語りをしっかりと聴いていくことに注力します。

前回の演習23の場面以降，木村古都美さんの家計管理の改善を手始めに経済的な課題の解決をめざしてきました。しかし，木村さんは経済的な課題が解決されても生きづらさを抱え続けています。経済的な課題解決だけでは，その生きづらさへの解決にならないことを，木村さん自身も漠然とですが感じているようで，ワーカーへの相談を続けることを希望しました。

生きづらさは自身の生活歴の中にある，「自分は誰にも大切にされない存在である」という気持ちが根底にあることが誘因であると，ワーカーはこれまでの面接での木村さんの発言からアセスメントしました。その気持ちがどのように形成されてきたのかを言葉で表現できるように，これまでの生活歴にあるエピソードを木村さんに語ってもらう演習を行います。

そして，木村さんがワーカーから受け止められることを通し，これまでの自分が考えていた生活歴とは違う見方があることに気づく面接を，ロールプレイで実践してみましょう。

3）この演習を体験するにあたって──演習への参加の仕方

ナラティブアプローチとは，どのようなアプローチかということを十分学習して演習に臨むことが必要です。何よりもクライエントがこれまでの語りづらかった過去を語ることに対して，また，自分の問題を解決したいと前向きな態度に対して，ワーカーは誠意ある態度で聴くことが必要です。

この面接ではクライエントが生活歴のエピソードを語る際に，受容的な姿勢とクライエントの抱える問題を明確にし，エピソードに対する見方を広げられるようなアプローチが求められます。そのプロセスによって，自己肯定感が高まるようなきっかけにつながることができれば，心理的なサポートが

展開されたといえます。

4）演習にあたっての事前学習

① 　ナラティブアプローチの方法と特徴を調べておきましょう。

② 　ナラティブアプローチを用いて支援を展開する際に，ワーカーが注意しなければならないことを調べておきましょう。

③ 　事例を読み，木村さんのAとBの2点に関する生活歴を，自由に詳しく設定しておきましょう。演習23で示されている生活歴から変更点があってもかまいません。

　　A：母親から（心理的）虐待を受けていたこと

　　B：子ども時代にいじめられたこと

（2）演習の進め方

1）事例を読んでみる

　面接の前提として，木村さんの生き辛さの正体を特定して，生きづらさの改善を試みることを目指すことにしています。2人1組になり，クライエント役とソーシャルワーカー役を決めて事例を読みましょう。1回終わったら役割を交代してみましょう。

2）ロールプレイの留意点

　ナラティブアプローチの方法によるロールプレイでは，次の①～⑥の留意点を意識しながら行います。

　　① 　クライエントに人間的な関心をもって，丁寧に真剣に話を聴きましょう。

　　② 　クライエントの人生の話を聴くこと自体を目指すため，何かを解決しようとか，課題を見つけようという思考は持ち込まないようにしましょう。

③　なぜ，そのことが起こったのかという原因を究明するような質問は
避けましょう。ただし，クライエントが断定して話す内容については，
「そのことの見方は，他の見方がないのか」「それが唯一の真実としか
考えられないことなのか」のように，声をかけ（質問）ていくことで
考え方や視点が広がるようにしましょう。

④　クライエントが語るその意味や文脈を否定せず受け入れて（受け止
めて）聴きましょう。

⑤　クライエントが人生（そこで起こった事柄）をどのように意味づけて
きたのか，理解するように努めましょう。

⑥　クライエントが感じてきた以外の意味づけや，ものの見方以外の見
方ができるような声掛けを考えて，話を聴きましょう。

3）ロールプレイ①

①　各自が設定したクライエント役（木村さん）になりきって，「事例（面
接）」の逐語記録の通りロールプレイをしてみましょう。1回終わったら
役割を交代してみましょう。

②　木村さんとはこれまでの演習で複数回，面接を実施してきた経過があり
ます。しかし，「自分は誰にも大切にされない存在である」という気持ち
がどのように形成されてきたのか，ワーカーは経済的な困窮に対応するこ
とを先決事項と判断をしたために，その部分に力点をおいて話を聴いてい
ません。そこで，今回はその気持ちがどこからやってくるのかを明らかに
しながら，木村さんの気持ちにクローズアップして，ワーカーが介入して
話を聴きましょう。

③　木村さんが語るのは1つの真実ですが，他にも見方があるという視点の
広がりを持てるように質問もしながら聴いていきましょう。そのことから，
木村さんが自分のエピソードは語った1つの見方しかないと思っていたも
のが，違う見方ができることを知ったことで，異なるエピソードができる

ことを体験します。

④　ロールプレイをする目標は，木村さんが抱えている問題が生活歴にある
　エピソードを語る中で言語化され，本人だけの責任で問題が発生したので
　はなく，他の見方があることに気づくような質問をしながら話を聴くこと
　です。本人が感じている問題を本人の意志で言葉として出すことを第一の
　目的とします。

⑤　ここまでの課題が終わり，次へロールプレイが進められる場合は，木村
　さんが自分の生活歴のエピソードの見方が変化し，自分を捉えなおすこと
　ができるようになることを目指します。自分が感じ考えていたことがすべ
　てではなく，他の考え方や意味づけもできるかもしれないという兆しを，
　木村さんが感じられるようなアプローチを進めてみましょう。

> ── 事例──面接 ─
>
> **ワーカー**：こんにちは。先日お約束していたように，木村さんが先日，お母さん
> 　　　　　から「『かわいくない』『産むんじゃあなかった』と毎日のように言わ
> 　　　　　れ続けて育ちました」とおっしゃったことについて伺わせてください。
>
> 　　　　　お母様がどんな時にそのような話をあなたにされたのか，詳しくお話
> 　　　　　を聞かせて頂きたいのですが。
>
> **木村さん**：いいですよ。母は，いつも1つ違いの妹の世話ばかりして，私には冷
> 　　　　　たい言葉しかかけてくれませんでした。「産むんじゃなかった」と
> 　　　　　言われたのことを，よく覚えています。
> 　　　　　妹は障がいがあって生まれてきたので，何をするにも遅い子で，手が
> 　　　　　かかっていたのは事実だと思いますが，それだけに母は，かわいかっ
> 　　　　　たのだと思います。どんな時も妹を優先していました。その妹と比べ
> 　　　　　られて，「あなたはお姉さんなんだからしっかりしなさい。妹の面倒
> 　　　　　をみなさい」と強制的に言われていました。
> 　　　　　あげくの果てには，口答えすると「あんたは，かわいくない」と反抗
> 　　　　　的な態度をとらない妹と比較され，邪魔者のように言われていました。
> 　　　　　いつも私だけにきつい言葉を言う母でした。

ワーカー：妹さんだけが大切にされていたと感じ続けていたのですね。妹さんの
　　　　　面倒をみるようにと言われていたということでしたが，障がいのある
　　　　　妹さんと遊ぶことはありましたか？

木村さん：いいえ，妹と遊ぶと他の友達と遊べないし，障がいがある妹と遊ぶの
　　　　　はとても面倒だったから。それに妹と一緒にいると友だちから差別的
　　　　　なことを言われて，私までいじめられたのですごくつらかった。だか
　　　　　ら，妹の面倒をみたくなかった私は，母にも反抗的な態度をとってい
　　　　　ました。母にとっては，かわいくない存在だったでしょうね。

ワーカー：「母にとってはかわいくなかった」というのはどのような意味ですか？

木村さん：母は妹にかかりきりでしたから甘えた記憶もありません。どうせ私の
　　　　　ことは，抱っこしてくれないだろうと思っていましたから，せがんだ
　　　　　こともないです。甘えようとしなかったから，母側からみるとかわい
　　　　　げがなかったように見えたのではないかと思ったんです。

ワーカー：小さい時から我慢してきたのですね。もっとお母さんに甘えたかった
　　　　　と思っていたのですね。先ほどの「友達から差別的なこと」というの
　　　　　は，どんなことだったのですか？

木村さん：「頭が悪い」「勉強ができない」「バカだ」とか言われていました。だ
　　　　　からきょうだいのお前もバカだろうと，バカにされることもありまし
　　　　　た。そして，妹は何でも行動が遅いから，遊んでいても置いて行かれ
　　　　　たりして，私は自分もいじめられるので妹をかばってやれませんでし
　　　　　た。いじめられていることを母に話したところで，どうせ姉の私が守
　　　　　ってあげないからだと，母からおこられるだけだと思っていました。

ワーカー：そんな妹さんがいじめられている話をあなたは，お母さんに話したこ
　　　　　とがなかったのですか？

木村さん：はい。話したくてもそんな話をしたら「おねえちゃんなんだから
　　　　　……」と，私の責任が問われそうで話せませんでした。今でも知らな

いと思います。

> ワーカー：お母さんは妹さんがいじめに遭っていたことを聞いていたら，何か変
> わったことがあったかもしれませんね。
>
> 木村さん：そうですね，少しは私の気持ちを理解してくれたかもしれません。今
> ならそう思いますが，当時は母に話そうなんて思いもしませんでした。
>
> ワーカー：妹さんがいじめられていることはあなたへの影響が大きかったのです
> ね。あなたとお母さんへの関係にも深い影響を及ぼしていますね。今
> よりももっと障がい児に対して理解が少ない時代だったかもしれませ
> んね。
>
> 木村さん：そうです，もっと妹が皆から大切にされていたら，母も穏やかに育児
> ができたかもしれませんね。私も本当は妹に優しくしてあげたかった
> です。ニコニコ笑うとかわいい妹でした。

── ワーカーの所見 ──

　木村古都美さんは，母親から自分がかわいがられずに育ったと認識していたが，
そこには妹との関係もあったことがわかってきた。かわいくないとの思いからの
心理的な虐待ではないこと，母親との距離が出来ていたことに木村さんは気づい
ていく。決して虐待は認められることではないが，木村さんの母親に対する見方
への変化が生まれてきた。

4）ロールプレイ②

　事例（面接）の続きをロールプレイで行います。ここからのクライエント
役（木村さん）は，事前学習で準備してきたエピソードのAまたはBを1つ
選ぶか，両方のエピソードを織り交ぜた設定でロールプレイを行います。

　　A：母親から（心理的）虐待を受けていたこと
　　B：子ども時代にいじめられたこと

（3）体験の考察

　同じことを体験しても，その感じ方や意味づけは異なっていることを，私たちはよく経験しています。山に登ったことが楽しくてまた行きたいと思うことがありますが，苦しくてつらい経験だったために2度と行きたくないと思うこともあります。人によって体験の意味が異なることをよく体験しています。また，自分自身も前には楽しめたことが，年齢を重ねるとそんなに興味がわかなくなることもあります。同一人物でも，その時の体調や気持ちの状態，社会状況や時代によっても異なってきます。このように同じことでも受け取り方等が異なってくることは，当たり前のようですが改めてここで確認します。

　そして，私たちはさまざまな事柄も，それぞれに意味づけして受け止めています。例えば，「誰々がそのようにしたのは，その人の寂しさから行ったことだ」と意味をつけながら生活しています。「あの人が私に〇〇だというのは，私のことを嫌っているからだ」と相手に確かめていないことも，半ば確心的に意味づけていることもあります。そして，一つひとつの事柄がつながって，流れができて一定の物語のように過去から現在を連結して意味づけながら理解しています。

　こうした考え方を基にして，ナラティブアプローチは自分が考えている自分の物語を語ることから始め，そこでの思いや考え方を明らかにしていきます。その物語の中で問題となった否定的なことをどのように意味づけ，なぜそのように意味づけられたのかを確認することが大切です。そして，その意味づけはどのような理解からでき上がったものかを明らかにし，それ以外の見方やその意味づけのされ方が社会からの影響を受けていることなども含め，理解の仕方が一通りではないことを面接の中で体験できるようにアプローチします。

　これまで，その意味づけされた自分の物語は，一つだけの真実のように動かしがたいものとしてクライエントがもっているものから，異なる意味づけ

が可能となる可能性があります。この時にワーカーは，クライエントの語る
エピソードを否定せずに受け止めながら聴き続け，ワーカーの考え方に誘導
しないように注意する必要があります。面接のなかで新しい見方をすること
で，これまでの自分や周囲を捉え直すことを，クライエントができるように
サポートすることを目指していきます。

　いつもワーカーはクライエントへの知的な興味を持ち続け，敬意を払って，
温かい気持ちが伝わる姿勢で話を聴くことは他のアプローチと同じです。

（4）振り返りの課題——事後学習

① 　木村さんが語った面接の記録を作成しましょう。

② 　木村さんが話した人生の話のストーリーから，異なる目線で見た時に新
　　しく見えたもの，考え方，意味づけし直したものを箇条書きで記述しまし
　　ょう。

③ 　ナラティブアプローチを学び，ワーカーとして木村さんの見方（理解の
　　仕方）が変化した点や理解が深まった点を挙げてみましょう。

5　事例を活用して支援過程のモニタリングを学ぶ (演習25)

（1）演習の目的と内容

1）演習の目的

　この演習では支援過程全体にわたるモニタリングの着眼点と，その方法を
学ぶことが目的です。「ソーシャルワークの理論と方法」で学んだように，
モニタリングは支援の介入方法（具体的なアプローチ）ではありません。支援
過程において，介入がクライエント主体で的確に展開できたかどうか，その
支援の姿勢と手法についてソーシャルワーカー自身が自己評価します。

　支援過程においては，支援の評価（エヴァリュエーション）の前に位置づけ
られますが，ワーカーは支援の開始期から常に自分自身の支援を冷静に観察

しながら進めていくことが必要です。

2）演習の内容

演習23と24で学んだアプローチを活用した支援の事例を素材に，それぞれが評価を加えたモニタリング用ワークシートを基にケースカンファレンスを開き，合議形式のモニタリングを試行しながら，ワーカーが自らの支援を振り返る際に必要となる着眼点と方法を学びます。

3）この演習を体験するにあたって──演習への参加の仕方

事前に「ソーシャルワークの理論と方法［社会専門］」のテキストなどを参考にして，モニタリングをするためには，どのような観点が必要なのか復習しておきましょう。将来ワーカーとして実践に臨む際に，特に意識化することが必要な手法であることをふまえて，自分たちの体験についてできたことを評価するのは無論のこと，上手くいかなかったことについては，専門知識を活用しながら自らの今後の学習課題とできるよう，積極的に取り組みましょう。

4）演習にあたっての事前学習

本章の事例のうち，「行動変容アプローチ」と「ナラティブアプローチ」について，事例と活用した介入方法，さらには演習の体験や振り返りについて，各ワークシートや授業ノートなどを一読しておきましょう。そして，演習の授業で必要な時に参照できるよう，これらの資料をファイリングして持参しましょう。

（2）演習の進め方

1）モニタリング用ワークシートに記載

持参した資料を読み直して，次の点について「モニタリング用ワークシート」を活用して整理しましょう。

①　木村さんの成育歴や生活歴

② 木村さんの主訴

③ ワーカーが木村さんと共有した課題

④ 行動変容アプローチの有効性

　　ⅰ アプローチが有効だと判断した木村さんの変化

　　ⅱ アプローチで上手く介入できなかったと判断した木村さんの言動

⑤ ナラティブアプローチの有効性

　　ⅰ アプローチが有効だと判断した木村さんの変化

　　ⅱ アプローチで上手く介入できなかったと判断した木村さんの言動

⑥ 支援を通じて木村さんの主訴はどの程度改善・解決できたと考えるか。

2）ケースカンファレンス

① 5～6人のグループを作ります。グループでケースカンファレンスを行い，木村さんの支援についてモニタリングをしてみましょう。なお，カンファレンスを通じて気づいた個人での振り返りで，情報や知識の不足があった場合には，ワークシートに書き込んでおきましょう。

② 支援関係の形成において，ワーカーは木村さんが主体的に自身の課題に取り組むことができるよう，どのようにエンパワメントを試みたか話し合い，評価を加えてみましょう。

③ 支援は木村さんの意向を尊重して，ワーカーが計画した通りに展開できたか。次の点を参考にしてグループで評価してみましょう。

　　ⅰ 当初の課題は改善・解決・緩和・軽減できたか。

　　ⅱ 支援が上手く展開しなかった時，適切な提案をして支援の修正ができたか。

　　ⅲ 活用するアプローチの特性を踏まえて，木村さんと支援過程で顕在化した効果や課題を言語化して共有できたか。

④ 活用したアプローチに即してワーカーとしての役割を遂行できましたか。

  ⅰ　行動変容アプローチを意識してモデルになり，肯定的なフィードバックができたか。

  ⅱ　ナラティブアプローチを意識して意図的なコミュニケーションを試み，木村さんのドミナントストーリーを傾聴できたか。

  ⅲ　ナラティブアプローチを意識して意図的なコミュニケーションを試みて，木村さんのオルタナティブストーリーへの展開の契機を見逃さず支持できたか。

⑤　木村さんの支援効果の評価を確認できていますか。

  ⅰ　木村さんの肯定的評価

  ⅱ　木村さんからの課題提起

⑥　新たなニーズがないかアセスメントできていますか。

（3）体験の考察

 この演習ではモニタリングについて，これまでの演習で検討した事例を素材に，支援全体を振り返り，支援効果と支援過程全体を通じて木村さんの権利擁護が出来ていたかについて自己評価を加えていきました。

 今回は，支援が一段落したところでモニタリングを試みましたが，冒頭でも確認したように，ケースカンファレンスなどを開いて，支援チームの仲間やスーパーバイザーの参加を得たモニタリングを行うのは当然のことですが，ワーカーは支援全体を通じて，常に冷静に自分の支援を観察する姿勢が必要です。クライエントの権利擁護を常に意識しながら，クライエントが主体的な自己決定ができるよう，その問題解決の過程に寄り添っていきます。

 特に，今日のジェネラリスト・ソーシャルワークにおいては，クライエントの主体性を尊重しつつ，ミクロレベルにとどまらず，メゾ・マクロの視点から支援を展開していきます。その際には多様・多元な支援の活用を企図していきますが，タイミングを逃すことなく，新たな介入方法を探したり，提案したりします。また，必要に応じて関係機関の協力を取り付けるためにも，

常に支援過程に評価を加える姿勢が必要となります。

（4）振り返りの課題——事後学習

　今回のモニタリングの体験を参考に本章全体を振り返り，次の点について考察してみましょう。

①　ソーシャルワーカーにはなぜ，支援のバリュエーション（多様なアプローチを使いこなせること）が必要だと理解したか。

②　モニタリングはなぜ必要だと理解したか。

注
⑴　本章の事例は，米村美奈「『人間学的視点』に基づくソーシャルワーク」『臨床ソーシャルワークの援助方法論——人間学的視点からのアプローチ』みらい，2006年，191-194頁より改変し，引用しています。

参考文献
川村隆彦『ソーシャルワーカーの力量を高める理論・アプローチ』中央法規出版，2011年。
久保紘章・副田あけみ編著『ソーシャルワークの実践モデル——心理社会的アプローチからナラティブまで』川島書店，2005年。

モニタリング用ワークシート

項　　目	事前学習で確認できた情報や知識	カンファレンスによって確認できた追加の情報や知識
① 木村さんの成育歴や生活歴		
② 木村さんの主訴		
③ ワーカーが木村さんと共有した課題		
④ 行動変容アプローチの有効性		
① アプローチが有効だと判断した木村さんの変化		

ⅱ　アプローチで上手く介入できなかったと判断した木村さんの言動		
⑤　ナラティブアプローチの有効性		
ⅰ　アプローチが有効だと判断した木村さんの変化		
ⅱ　アプローチで上手く介入できなかったと判断した木村さんの言動		
⑥　支援を通じて木村さんの主訴はどの程度改善・解決できたと考えるか		

<table>
<tr><td>第6章</td><td>実習体験をもとにした演習</td></tr>
</table>

1　実習体験の振り返りと事例検討の活用──第6章を学ぶにあたって

（1）事例作成の方法とその活用

　これまでの講義や演習の授業等で「事例」を使った学習をしてきました。社会福祉のどの分野でも事例を活用した学びは，社会福祉を学習する私たちには馴染みのあるものです。演習26～30では自ら事例を作成しますので，初めに事例作成の意味やその活用について確認しておきましょう。

1）事例とは

　事例とは「これまでにあった具体的な事柄」といえ，過去にあった個々の事象のことを指します。実際にあった事実を文字等で表し，実践と照らし合わせて参考にできるよう形にしたものです。ソーシャルワークの事例は，「ソーシャルワーカーと利用者の援助関係を基盤に展開される，援助過程や利用者を取り巻く周囲の環境や人々との関係についての記述を行ったもの」です。

　基本的には事実を取り上げますが，社会福祉やソーシャルワークを学ぶ時には，守秘義務の観点から事実そのものを書くのではなく，架空事例のように，実在していませんが実際にあったような内容を再構成して作成することも多くあります。

　社会福祉学は医学や教育学，看護学等と同じように，実践を重ねることでアプローチや理論を構築してきました。したがって，学習方法も社会福祉学以外の学問と同様に，実践を通して体得する方法を取り入れ，実習教育に重

きをおいています。しかし，現場に出向いて常に実習を重ねて学ぶことが出来ませんから，類似の学び方として事例を使って学べるように工夫し，学習すべきさまざまな理論や概念の理解が深めやすいようにする学習方法として事例が多用されています。

2）事例作成の意味

事例作成は学習の方法として多用されていますが，何に役立つのかを考えてみましょう。最大の目的は，質の高い支援の提供を目指し，「利用者の利益の獲得」のためということになりますが，大きくは次の2点にまとめることができます。

①　援助者を育成する

事例を使っての学びは大学や専門学校等の養成校における学習だけでなく，事例を使って専門職が実践の振り返り等を行うなどの学びの目的で用いることがあります。その代表的な活用方法として，ⅰスーパービジョン，ⅱ事例検討，ⅲ事例研究等が挙げられます。3つの方法についてはのちほど改めて確認しましょう。

②　実践方法を構築する

次に実践における学びのためだけではなく，事例を支援方法の発展のために利用する観点からみてみましょう。

ワーカーの実践における事象を，言語化や対象化する作業によって事例作成が進みます。そのでき上がった事例を研究することで新たな発見が見出され，アプローチや理論構築がなされます。これまでにもさまざまなソーシャルワークのアプローチや理論を講義等で学んできましたが，実践から生まれたものを概念化する研究によって誕生してきたものが多くあります。研究の土台となったものが実践を事例にして表現したものです。その研究は質的研究法といわれていますが色々な手法があります。もちろん，研究すること自体が目的ではなく，その目的は実践をより良い内容にするために行われています。

　そのため，利用者にどのようにアプローチするべきか悩んだ時には，これまでに研究され，養成校で学んできたアプローチを使うことが可能です。効果が証明されているアプローチや理論を使うことで，利用者への支援の有効性が高まることにつながります。

3）事例を書く（再構成する）ということ

　事例をどのように利用するのかによって書き方を変えることはありますが，ソーシャルワークにおける事例作成の基礎的な考え方を確認しておきましょう。

①　実践（体験）を言葉で説明する

　事例を書くということは，自分の実践したことを言葉で示すことが求められます。時系列や要約するなど書き方はさまざまありますが，実践したことの根拠や自身の価値観，利用者へのワーカーの働きかけ等が言葉で表されることになります。何を大切にして実践を進めているのかという，「価値」に基づいた実践を具体化する記述の作業は，自分自身の理念や思想，さらには哲学と，具体的な働きかけ（行動）との間の整合性が問われることになります。

　そして，事例に書き表すということは，第三者に自らの実践を伝えることができるということです。目の前で実践を見ていなくても書かれた事例があることで，後からいくらでも学ぶことができますので教育的に利用できる利点があります。また，実践したワーカー自身も自分の実践を振り返ることで，自分の実践を学ぶ機会を得ることができます。

②　ありのままの自分を受け止める

　事例作成の作業時は記録を読み，「あの時」「その時」に援助者として自分の言動や考えたこと，思い等が確認できますし，振り返ることにもなります。その中には，援助者として疑問が残る言動をした自分の姿に気づくこともありますし，自分の嫌いな部分が見えてくる場合もあります。それでも，それを覆い隠さず客観的に言語化することで事実を見ることができます。これは

見たくない自分を見る辛い作業になるかもしれませんが，事例を作成する時には，自分を遠くから眺める距離を置く感覚で作成することがポイントになります。つまり自分を俯瞰してみるということです。

　一旦は自分と距離をおいて，自分を眺めるように，他人がやったことのように記述してみます。書く作業において，その時の自分を今の自分に取り込んでいくように，見たくない自分を受け入れるということが事例作成には求められます。受け入れたくない自分を受け入れる感覚は，もしかすると利用者が受け止められない自分を受け入れるような，模擬体験という貴重な機会になっているかもしれません。

　③　何を取り上げるのか

　事例を作成するということは，毎日繰り返される実践の中でどれを取り上げるのか，さらには，事例の記述において何を取り上げて書くのかを選ぶことになります。作成した事例を何に使用するのかによって事例のまとめ方は異なりますが，事実をすべて書くことは不可能なことです。取り上げる内容を決め，書ききれないものを捨てる作業が必要です。事例作成の目的により事例の取り上げ方が変わるので，全部の事実を網羅，取り上げられないという限界性があります。

　書こうとする事例の中に何を取り上げるのか，または，取り上げないのかの判断が必要になりますし，判断することが大切です。それは，なぜそれを取り上げるのか，取り上げないのかの意味が自分自身に問われることになるからです。こうした取捨選択する作業にも重要な意味があります。

　④　援助関係の明確化

　医学の症例や法学の判例とソーシャルワークの事例が大きく異なるのは，主観的なものへの扱い方であります。医学の症例に用いられる科学的データや法学の法律に基づいた解釈を軸に記述するものと，ソーシャルワーク事例の書き方は異なります。具体的な事例の書き方は次節で学びます。ここでは，他と比較することで特徴を押さえておきます。

　ソーシャルワークは援助者が何を感じて，何を思ったのかなどの主観も含み，そこで成立する援助関係を重要な要素として記述しますが，医学や法学の症例や判例は，主観的なデータはなるべく排除するように努めます。例えば，心情や感情などの個人の感覚に属するものは普遍性がないため，事例の記述から削除していきます。しかし，ソーシャルワークは，利用者の気持ちや感情，生の言葉や援助者との実際の会話なども大切なデータであり，その場面で何を感じ，どのような言動になったのか，その関連まで必要な情報といえます。この記述があることによって，支援において重要な信頼関係の構築がどのようになされたのかがわかるのです。その記述から専門的な資質が問われることにつながりますし，それが記述されている事例は援助関係の構築まで明らかにすることができるのです。

（2）事例の活用

1）スーパービジョンとは

　スーパービジョンとは，援助者がより良い実践の実現を目指し，スーパーバイザーとの関係によって行われる専門職養成のための技法です。援助者を育成して，現場の環境を整備してくことを目指すものです。スーパーバイザーによって養成する過程では，事例を使う方法をとることがあるため，簡単に説明を加えておきます。

　スーパービジョンは，①支持的機能（ストレスマネジメント，バーンアウトの防止，動機づけや意欲の向上），②教育的機能（必要な知識・技術・価値の伝授，理論と実践を結ぶ，自己覚知，気付きや発見を促す），③管理的機能（職場環境を整える，組織の一員としての活動の実現，リスクマネジメント）の３つの機能があるといわれています。スーパービジョンの契約の中でどの機能に重きを置いてスーパービジョンを行うのか，その方法も含めた取り決めを行った上で実施されています。スーパービジョンの具体的な方法に事例を使ったやり方も多く取り入れられています。スーパーバイジーがスーパービジョンのテーマ

に合わせた事例を作成し，スーパーバイザーとスーパーバイジーとのスーパービジョン関係において検討が進められます。

そこでは，事例に登場する利用者への支援を具体的に，どのようにするのかという観点にとどまらず，スーパーバイジーの援助の姿勢，態度，視点などに注目し，スーパーバイジーの利用者に対する関わり方を問うことに重きがおかれます。そのプロセスにおいて，スーパーバイジーの自己覚知等を深めることが可能となる展開があります。このような活用の仕方を可能とするには，援助者が利用者に自己投入し，リアルな関わりの様子が確認できる事例であることが求められます。援助者としての意識的で具体的な応答の様子が書かれている事例であれば，スーパービジョンの内容にも深みが出てきます。

2）事例検討とは

事例検討とは，「提示された事例に対する対応方法や対応の仕方を考える場」といえるでしょう。多くは複数人の小グループで行われ，ケース検討会や支援会議，ケースカンファレンス等の名前でも呼ばれています。ただし，グループで行われるばかりではなく，一人で考察を深めて事例を検討する場合もあります。

文字通り，事例検討は「事例を検討すること」ですが，一般的に検討というのは，よく調べて良し悪しや判断ができるように考えることです。その時に重要なことは，事例においてそこでの援助の効果は無論のこと，問題や課題を明らかにすることが必要です。それは，検討する内容を焦点化するために必要な作業でもあります。

実践が目指す目標を実現するために，妨げられている要因を事例から解明し，その対応方法を明らかにすることを目指して行われるものであります。あくまでも事例検討は，提示された事例そのものに還元することを目指して行われるものであります。

そして，事例検討においては，これから学ぶ本章の事例検討のルールを守

りながら，「事例から学ぶ」視点を大切にして参加することが必要です。

3）事例研究とは

事例研究は事例検討と似ている名称であり，しっかり区別をつけて使われていない現状があります。ここでは違いを確認して理解を深めましょう。

事例研究とは，ソーシャルワーカーによって「提示された事例にある個人的体験を普遍化し，一般的法則や理論，アプローチを見つけ出す方法」です。事例検討は事例から見つけ出された問題点や援助の展開過程を検証することが中心ですが，事例研究は理論の構築を目指しています。

事例研究においては，提示された事例そのものに還元するのではなく，反対に一つの事例から何がいえるかを発想していく考えで行われます。実践で行われていることを筋道立てて説明ができるように，言葉で表していくことが事例研究の目的です。実践の中で起こったさまざまなことを取り上げ，実証し，共通認識できるようにする作業が事例研究です。例えば，「援助の原理を導く」「援助の評価方法を導く」「利用者の特性を見つけ出す」「組織のあり方を検証する」「制度の課題を見付け出す」など，あらゆるテーマや観点を取り上げて研究することができます。

事例研究は，「利用者に今後このような対応をしていこう」など，提示された事例そのものに還元ということを目指すよりも，後に続く実践が効果的な成果，つまりいまだ見ない「利用者の利益の獲得」につながるように先の長い展望と視野で行われています。

本章では，演習の手順にそって実際に事例を作成して，その事例を素材に事例検討を体験してみます。ここでの検討が皆さんにとって「提示された（体験した）事例に対する対応方法や対応の仕方を考える（学び合う）場」となるよう，演習課題に取り組んでいきましょう。

2　実習体験を整理して事例を作成する（演習26）

（1）演習の目的と内容

1）演習の目的

　ソーシャルワーク実習（以下，実習）が終わって，いろいろな体験や体験に伴う感情があふれていることと思います。その体験を単なる思い出にとどめず，皆さんの将来の目標である「ソーシャルワーカーになる」ための経験に洗練していくためには，実習での個人的な体験を振り返って，残りの大学での学びや，将来ソーシャルワーカーになった際に自分自身の自己研鑽の課題とできるような事例を作成することが目的です。

　まず，その素材となる「自験事例（自分が体験した事例）」を検討の素材とできるよう作成してみます。

2）演習の内容

　皆さんが実習で体験してきたことを振り返り，自己評価を加えたり（セルフスーパービジョン），仲間と相互に評価し合ったり（ピアスーパービジョン），教員の助言を得たり（教育的スーパービジョン）するための素材（事例）を作成します。

　そこでこの演習ではまず，実習での体験の中から特に印象深く，今後の演習でピアスーパービジョンや教育的スーパービジョンの素材としたい自身の体験を整理してみます。事例をまとめる過程は，セルフスーパービジョンの機会でもあります。

3）この演習を体験するにあたって──演習への参加の仕方

　人間は物事を抽象的に理解する，あるいは，お互い具体的な言葉や文章にしなくても，「伝えたつもり」「わかったつもり」の曖昧な情報共有をする力（傾向）があります。しかし，ソーシャルワークにおいて利用児・者の暮らしや課題を理解したり，その後の支援方針を共有したり，共に問題解決に取

り組むためには，相手（利用児・者）の心情や暮らしなど，可能な限り正確かつ個別化して理解することが必要になります。

　インテークや面接等の支援過程において収集した利用児・者のさまざまな情報や特性，さらには展開された支援内容を，利用児・者や共に支援に取り組む仲間と誤解なく共有するためにも，収集した情報や体験をわかりやすく正確に整理して記述する力が必要となります。

4）演習にあたっての事前学習

① 　前節の「実習体験の振り返りと事例検討の活用」（136〜142頁）を読んでおきましょう。

② 　実習記録（ノート）や実習中に記録したメモ，集めた資料など，自分の実習での体験を事例にする際に資料として活用できるようなものを確認・整理しておきましょう。その際，実習記録やメモなどは，時系列にそって整理しておきましょう。

（2）演習の進め方

① 　実習中の体験で印象深かったことを3つ列挙して，その体験した内容を簡単にまとめてみましょう。

② 　4〜5人のグループを作ります。3つの体験をグループ内で発表し，お互いの体験について意見交換してみましょう。

③ 　選んだ3つの体験について，「実習体験ワークシート」にそれぞれ記入しましょう。

④ 　3つの体験をワークシートにもとづいて再度グループでお互いに発表します。メンバーの体験を聞き，自分の体験についてメンバーとの意見交換をして，事例検討で振り返りをしたいと思った体験を1つ選びましょう。

⑤ 　選んだ1つの体験についてワークシートをもとに，メンバーと検討してみたいこと（みんな意見や助言がほしいこと）をテーマとして設定してみましょう。

（3）体験の考察

　実習中や終了直後には，実習体験に伴う感情，特に自分では上手くいかなかったと思っていた体験や，利用児・者から否定的な感情表出されてしまった体験に自信を失っていたりすることもあると思います。そのような気持ちに捕らわれていると，なかなか実習を振り返って，自己評価をしようという気持ち（動機）にはなれなかったりします。

　しかし，実習に行った仲間とお互いの体験を交換してみると，思い通りに行動できなかったことや，利用児・者とのコミュニケーションで「失敗したのは自分だけではない」ことがわかってきます。すると，少し勇気をもって自分の体験を言葉にして表現する，つまり「自己開示」に挑戦してみようという気持ちを持つことができるようになると思います。

　この演習では，まず実習体験を振り返りながら事例を作成するために必要な，観察したことや体験したことを具体的な情報として整理してみます。そして，支援場面やそこに展開される人間関係，課題の表出，感情葛藤などの情報を，大学で学んだ知識を活用して相互に関連づけて，記録へと生成していきます。

　実習のメモや実習記録を参考に記憶をたどって，確認（言語化）した個々の情報を，再度支援場面（体験エピソード）に再構成してみると，実習での体験がどのような内容や性格のものであったのか，自他ともに共有可能なわかりやすい事例へとまとめることができます。

　また，事例を再構成しようとした時，記録にも記載がなく，思い出そうと思っても難しい事柄は，ワーカーとしての着眼が不足している点でもあります。先にも述べたように，事例を作成する作業は，自分の関心や着眼の傾向を確認することを可能とする効果が期待され，丁寧に体験を言語化して知識と関連づける作業ができると，セルフスーパービジョンが可能になります。

（4）振り返りの課題——事後学習

　実習体験ワークシートに必要な情報を再度，実習記録や実習中の資料を見直して，補足できる情報がないかを確認してみましょう。

3　実習体験の整理をふまえて自験事例を作成する（演習27）

（1）演習の目的と内容

1）演習の目的

　収集したデータを基に事例を作成することが目的です。この作業を通じて，自分自身の体験を振り返るとともに，実習で体験したことを養成校で学んだ知識と関連して，専門用語へと置き換える作業に挑戦します。

2）演習の内容

　演習26で作成した「実習体験ワークシート」の記述，つまり事例を構成する骨子をもとに，他者（実習の様子を知らない第三者）にも正確に事例が伝わるように事例を作成していきます。

　事例を作成することによって，利用児・者の成育歴や生活歴，ニーズ発生の背景，実習先のサービス利用の経過などを確認することができるようになり，自分自身の体験を総体的（利用児・者の全体的理解と時系列の体験の整理）に理解できるようになります。

　また，その作業自体がセルフ・スーパービジョンの機会でもあり，事例検討ワークシートの枠に，記載を指示されたデータを適切に転記できるかどうか確認することで，実践においてどのような点に着眼したり，情報収集したりすることが必要なのか理解できるようになります。

3）この演習を体験するにあたって——演習への参加の仕方

　事例を作成するにあたって，整理した情報をどのように組み立てて事例にすればよいのか，その組み立て方がよくわからない場合は，153〜158頁にある「事例検討ワークシート［記載例１〜３］」を参照して，自分の体験を事

実習体験ワークシート

１．私が気になっているのは，当該事例の_____さんの

_____な点です。

２．１で焦点化したテーマに沿って，以下の項目について事例の情報を整理してみま

しょう。整理の順番は特に問いません。

①　What：何を（何について）気にしている（課題意識をもっている）のでしょう。

②　When：いつのことでしょう。

③　Why：なぜ気になった（課題意識をもった）のでしょう。

④　Who：誰（どのような人）が主体なのでしょう。

　　性別　　　　　　　　　年齢

　　特性

　　その他

⑤　Whom：誰に（何に）対する言動を気にしている（課題意識をもった）のでしょう。

⑥　Where：どこでの出来事でしょう。

⑦　How to：どのように展開したのでしょう。

⑧　How much：いくらくらいの費用がかかるのでしょう。

⑨　How long：どのくらいの期間の出来事なのでしょう。

例にまとめて振り返る，つまり自験事例の作成の仕方を振り返る方法のイメージを確認しておきましょう。

　ここまでの作業で実習での体験を思い出して，利用児・者や施設の職員の方たちと体験したさまざまな事柄の中から，特に自分自身で，そして仲間と検討を重ねることで，養成校での次の学びや将来の実践に備えて，専門知識と関連づけて学びの課題としたいことを見つけていきます。

　作成した事例を通じて，共に事例を検討する仲間に事例の背景や経過，そして自分が提起したい課題を具体的かつ正確に理解してもらえると，事例検討の結果，得られる仲間の助言や示唆も具体的なものになります。整理した情報を時系列や関係性を確認しながら事例として再構成してみましょう。

　4）演習にあたっての事前学習

①　次の用語の意味や使い方を確認しておきましょう。

　　　　成育歴・生活歴・基本属性・ジェノグラム（マッピング技法）

②　事例作成にあたって個人情報の保護や対象者の匿名化の方法について確認しておきましょう。

（2）演習の進め方

①　これまでまとめた資料を参考にして，実習での体験，観察，収集したデータを「事例検討ワークシート」に転記してみましょう。その際に，個々の情報の正確さや，使用する専門用語の使い方が正しいかどうかを確認しながら転記しましょう。

②　①の作業をしながら，個々の情報の相互性や関連性についても考えながら，自らの体験（エピソード）を具体的に記述していきましょう。

③　自らの体験をまとめる際には，特に自分が感じたり，判断したりした情報や体験（主観的データ）と，ケース記録や職員から得た情報，さらには養成校で学んだ知識（客観的データ）を区別して書き分けましょう。なお，事例のまとめ方をイメージできない時には，153～158頁の「事例検討シー

ト［記載例1～3］」を参考にしてください。

（3）体験の考察

これまでも述べてきたように，事例作成の段階からセルフスーパービジョン，つまり自分自身の実践を自分自身で可能なかぎり客観的，かつ専門的に評価しようとする試みが始まって（機能して）います。自分では上手くいかなかった，あるいは失敗したと評価していることも，可能な限り，ありのままに記述（再現）することが自己開示になります。

ただし，事例には利用児・者との関わりが記載されますが，利用児・者については個人情報を加工して，個人が特定されないようにする必要があります。個人名をイニシャルに変えるだけでは不十分です。事例のまとめ方は無論ですが，その後の取り扱いについても充分注意をしましょう。

実習施設・機関の職員の方たちが実施する職場内の事例検討の場合，原則「館内処理（建物の外に持ち出さない）」といった制限があったり，外部の人が参加する研修などで提示する場合には，一つひとつの資料に番号をふって回収したりします。個人情報の保護については，「ソーシャルワークの理論と方法」のテキストや「社会福祉士の倫理綱領」などを参照して理解を深めておきましょう。

資料ができたら，実際にグループの仲間と事例検討をしてみますが，事例検討が限られた時間で効果的に行うことができるかどうかは，作成した事例がどれだけ具体的かつ正確で，あなたが仲間から助言してほしいと思っているテーマが明確に伝えられるものになっているかどうかに左右されます。

（4）振り返りの課題──事後学習

1）教員の助言を活用する

作成した事例は教員に提出し，助言をもらってから加筆・修正しましょう。

事例検討ワークシート

テーマ：	ジェノグラム
事例概要：	

事例の基本属性

事例の生育歴・生活歴

事　例

事例検討に提示したい課題

2）事例検討の事前準備をする

　修正した事例検討ワークシートは，次回の授業までにグループの人数分を印刷しておきましょう。なお，可能であれば授業時間前に手渡して，一読してもらいましょう。

事例検討ワークシート［記載例1］

テーマ：知的障がい者への危険回避の支援方法	ジェノグラム
事例概要： 　知的障がい者を主な対象とした障害者支援施設における実習での事例。 　強度行動障害のある田中浩二さん（仮名・男性・25歳）の外出支援を行っている時に，不意に田中さんが不穏になった。その場をおさめるために，田中さんの手を強く握り行動を制してしまったが，この対応が本当に適切だったのかを悩んでいる。	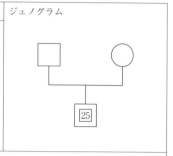

事例の基本属性

　田中さんには知的障がいがある。自閉症に伴う行動障害を有し，障害支援区分6，療育手帳は最重度の判定を受けている。

　170cm・90kgと体格が大きい。落ち着いている時は絵を描いたり音楽を聴いたりしている。しかし，不穏になると大声を出し，自身の頭を壁に叩きつけ，他人に殴りかかることもある。どういうきっかけで不穏になるかは，親でもはっきりとはわからないという。

　言葉でのコミュニケーションはできないが，周囲が言っていることは理解できているように思われる。例えば，施設職員が田中さんに「トイレに行きましょう」と促すと，職員と一緒に行くといったことはある。トイレや食事では全面的な介護が必要である。

　道でトラックやバスを見ることが好きである。そのため，施設での散歩や外出の時間を，とても楽しみにしており，その時間が近づくと声を出して喜んでいる。

事例の生育歴・生活歴

　田中さんには知的障がいとともに，自閉症に伴う強度行動障害がある。これまで両親との3人暮らしだった。小・中・高校と特別支援学校に通っていた。不穏になると自分で自分を傷つけたり（壁に頭をぶつけ続けたりなど），教師や支援員に殴りかかったり，その人がかけている眼鏡を壊したり，唾を吐きかけたりしていた。特に特別支援学校中等部からこうした行動障害が強くなり，周囲は関わりに苦心していたという。

　特別支援学校高等部卒業後は，通所施設に通いながら両親と暮らしていたが，不穏になり外に飛び出してしまい，近隣の店に入って品物やガラスを破損してしまうことがあった。

　息子の行動障害に疲れた両親は，施設入所を決意した。精神科病院入院を経て，現在の私の実習先である障害者支援施設に入所して3年が経ったところである。

　施設に入所したすぐの頃は周囲の環境の変化に慣れず，不穏になり，壁に頭を打ちつけるなどの行動障害を起こしたが，支援の中心となる職員を数名に絞り込み，継続したコミュニケーションをとることで，次第に慣れていったという。今は落ち着いて暮らしており，数名の職員だけではなく，さまざまな職員が支援を行っているが，ふとした時に不穏になることがあるため，職員たちもそのことを常に意識しながら支援にあたっている。

事　例
私は田中浩二さんが配置されている生活介護のグループ（7名の利用者が所属）で実習をしていた。私は男性である。大学ではレスリング部に所属し体力に自信があることが長所の1つだと，実習先では自己紹介をしていた。 　実習先のグループの利用者は男性が大半で，田中さんはじめ複数の利用者が自閉症者だった。大声をあげ，田中さんの他にも不穏になり自傷行為をする利用者がいたが，その時は「職員を呼んで対応を代わるように」と実習指導者から指導を受けていたので，そのように対応していた。 　実習1週目は利用者の名前を覚え，利用者本人を知ることで精いっぱいであったが，次第に利用者の様子を理解できるようになっていた。田中さんともコミュニケーションをとっていた。乗り物のビデオを一緒に観ることがあったが，笑う様子が印象的だった。私は普段はバイクに乗っているので，バイクの写真を見せると，とても喜んでいた。それ以降，朝，実習先で田中さんに会うと，私の服の袖をつかみ，そばに寄ってくるなどしてくださった。 　実習最終日，生活介護グループでの散歩活動として近所の公園まで歩いていくプログラムがあった。職員3名と私は，3名の利用者のそばで危険回避しながら一緒に歩いていた。その道中，ある利用者が転んでしまい職員はその対応をしていた。 　その時，田中さんが道端に停めていた大型バイクを見つけ突然走り出した。歩道には杖をついた高齢者が歩いていた。私はとっさに田中さんを止めなければならないと判断し，急いで追いかけ，田中さんに追いつき前方に立った。田中さんはそのことに驚き不穏になったが，私はとっさに両手を強く握りしめ，本人の動きを封じた。 　すぐに職員数人が走って駆け寄り，田中さんの背中をさすりながら，落ち着くまでその場にとどまっていた。 　私は突然のこととはいえ，本人の意思を無視して本人の動きを制する行動をとってしまったことを，どう考えたらよいのか整理がつかなかった。そしてそのことを，上手に言語化できず，実習指導者に相談できないまま実習が終了してしまった。
事例検討に提示したい課題
①　緊急時，田中浩二さんや周囲の危険回避のためにとった私の行為は，田中さんの身体的な 　　自由を奪う行為だった。このことは身体的虐待になるのだろうか。 ②　知的障がいのある本人の希望が，周囲や本人自身の不利益になる場合，何を優先したらい 　　いのだろうか。

事例検討ワークシート［記載例2］

テーマ：ALSの母親とヤングケアラーの娘	ジェノグラム
事例概要： 　障がい者を対象とした相談支援事業所における実習での事例。半年前にALS（筋萎縮性側索硬化症）と診断された高橋美恵子さん（仮名・女性・50歳）と、美恵子さんの娘からの相談。美恵子さんは自身の病気を認めることが難しい状況であり、福祉サービスの利用に悩んでいる。	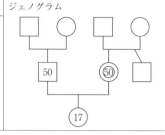

事例の基本属性

　美恵子さんは、半年前にALS（筋萎縮性側索硬化症）と診断された。それまではゆっくりではあるものの、自分で身の回りのことや家事ができていた。その後ALSの進行により、現在では家事はもちろん、入浴やトイレ等のADL動作が不自由となり、一人娘である由紀さん（仮名・女性・17歳）が家事や介護をしている。しかし由紀さんはそのことにより学校に通うことができない日が多く、困っている状況である。美恵子さんの夫は、妻の状況を心配しながらも、仕事を理由に妻の身体介護を行うことに抵抗がある。

事例の生育歴・生活歴

　美恵子さんは、夫（50歳）と娘（17歳）との3人暮らしである。現在は都内の分譲マンションに暮らしている。

　美恵子さんは1年前から、平坦な場所でもよくつまずくようになり、手に持っている物を落とすことが増えた。また、食事を飲み込むときにもむせることが度々あった。整形外科をはじめさまざまな病院をまわったが、半年前に大学病院の神経外科でALS（筋萎縮性側索硬化症）と診断された。その後、美恵子さんはALSに関する情報をインターネットで探し、この先、全身の筋肉が動かなくなることや、最終的には人工呼吸器が必要になることを知った。現在も次第に身の回りのことが自分自身ではできなくなっており、近い将来への大きな不安を抱えている。

　現在、美恵子さんの介護や家事を、高校2年生の一人娘である由紀さんが担っている。しかし、由紀さんは急な介護や家事に戸惑っており、また、そのために学校にも通うことができなくなっている。夫は仕事が多忙であり、美恵子さんの介護や家事ができない。会社勤めで働き盛りの夫が介護のために休業することはできない。また、美恵子さんのことを心配しながらも、家事や妻の身体介護をすることへの心理的な抵抗がある。

　美恵子さんは結婚とともに、生まれ故郷の北海道から現住地の東京に引っ越している。美恵子さんの両親や弟は遠く離れて暮らすため、介護を依頼することはできない。夫は一人っ子で、両親や親せきについても支援を頼る状況にはない。

事　例

　ALS の当事者による手記を読み，障害者総合支援法による重度訪問介護や介護保険制度などの，公的な障害福祉サービスを利用しながら生活できることを知った美恵子さんが，私の実習先の相談支援事業所へ相談にやってきた。市販の車いすを娘の由紀さんが押しての来所だった。

　相談支援事業所の相談支援専門員（実習指導者）は，美恵子さんと由紀さんにインテーク面接を実施した。実習生の私も，2人の同意を得て，その場に同席させていただいた。

　美恵子さんによると，これから福祉サービスを受けたほうがいいのだろうが，自分自身の病気を受け入れることができず，つらいとのことだった。できるだけ周りの人に迷惑をかけないようにしたいという気持ちが強いとのことだった。

　実習生の私は，自分より年下の由紀さんのことが気になった。美恵子さんは自身の病気を受け入れることが難しく，他の人の負担になることを気にしている。しかし，そのぶん由紀さんの負担は大きくなる。由紀さんは美恵子さんの話を黙って聞き，うつむいているままだった。

　この日は，相談支援専門員が美恵子さんの身体状況や生活状況を確認し，美恵子さん本人の考えを聞くことで終了した。この日の面接をふまえ実習指導者から，「あなたなら今後，どのような方向性でアセスメントしますか」とたずねられた。その時とっさに，「美恵子さんの気持ちもあるだろうが，由紀さんがかわいそうだ。今のままでは由紀さんの自由な時間が奪われてしまう」と答えた。

　それに対して，実習生である私と，美恵子さんと由紀さんに対する距離感を再考する必要があることや，家族支援をするにあたり，この相談でのクライエントは誰なのかを再考してはどうかとの助言を実習指導者からいただいた。

事例検討に提示したい課題

① 　この事例において，今後のアセスメント面接に向けて，どのような情報をさらに得ていく必要があるか。
② 　由紀さんに対して「かわいそう」だと口に出してしまった私自身の価値観は，ソーシャルワーカーとしては不適なのだろうか。

事例検討ワークシート［記載例3］

テーマ：子どもへの食事のマナーのしつけ方	ジェノグラム
事例概要： 　実習先の児童養護施設で，児童虐待（ネグレクト・心理的虐待）が原因で入所している佐藤葵さん（仮名・女性・8歳）だが，食事の際に「いただきます」と挨拶することはもちろん，お箸を正しく持つこともできない。 　そこで，実習生の私が「この子の自立のためには，適切なしつけが必要だ」と判断して関わったが，子どもから激しく拒絶されてしまった。	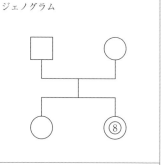

事例の基本属性

年齢　8歳　　性別　女子　　所属　小学校5年生　　傷病　特になし
既往歴　ハウスダストのアレルギー。現在は特に症状なし
障がいの有無　こだわりが強く，思い通りにならないと周囲を拒絶する
保護者との関係　保護者は面会を希望するが，本児が拒んでいる
活用している社会保障制度　特になし

事例の生育歴・生活歴

　中小企業で工員として働く父と，同じ職場でパートタイムとして働く母の間に次女として生まれる。愛想がよく両親の手伝いもよくする姉と比べられて，一人遊びが多く，親の言うことを聞かない傾向の葵さんは，徐々に母親が身辺の世話に関心を寄せなくなり，葵さんを目の前に，「本当にお前はかわいくない」「おねえちゃんは良い子なのに，なんでこんな子ができちゃったんだろう」と言うまでになっていた。

　葵さんが5歳の頃，不況で父の会社が工具を大量に解雇。父も仕事を失った。なぜかパートの母は働き続けることができたが，それが両親の仲を悪化させ，父はパチンコ屋に入り浸るようになった。そして，「男のメンツ」を保つために消費者金融からお金を借りるようになり，気が付くと家に何通もの督促状が届くようになっていた。

　すると母だけでなく父も，「なんだその顔は，うっとうしいなー」「お前のせいで，母さんは機嫌が悪くなって俺にまであたるんだ」「お前は本当に疫病神だな」と葵さんがいる方に物を投げたり，近くにあったバットで壁を打ちつけたりするようになった。

　葵さんはますます堅い表情になり，食事も満足に食べられなくなり，不潔な身体からは汗がにおうようになった。葵さんの通う保育所の保育士がその様子に気づき，園長に報告。児童虐待の疑いがあることを通報すると，児童相談所に一時保護となった。その後両親が養育を拒否したこともあり，児童養護施設に入所となった。

事　例
実習生の私は，葵さんを児童自立支援計画の対象児童としていたこともあって，他の子どもよりも関わる機会も時間も多くなっていった。当初はなかなかコミュニケーションをとろうとしない葵さんとの関係形成に難しさを感じていたが，毎日，私の方から挨拶をしたり，放課後児童クラブ（学童保育）などで宿題を手伝ったりしているうちに，少しずつ葵さんの方から声をかけてくれるようになった。 　実習も中盤になった頃に実習担当のユニットが変わり，葵さんが生活するユニットで生活場面にも関わるようになった。食事や居室管理，入浴などさまざまな場面で関わる機会があり話題も増えていた。私はやっと葵さんと良いコミュニケーションが取れるようになったと思って，より積極的に児童自立支援計画で設定した課題を働きかけてみようと考え，苦手にしているように見立てた「食事のマナーの習得」を課題に設定して，関わってみることにした。 　すると，今までコミュニケーションをとるとき心掛けていた，葵さんを共感的に理解しようとする気持ちよりも，葵さんのためにも「いただきます」とあいさつをしてから食事をとり，お箸を正しく持って食事できるよう声をかけて注意することに関心が移っていった。 　その日は日曜日でお昼は子どもたちの「お楽しみメニュー」の日だった。「お楽しみメニュー」ではユニットごとに買い物から子どもたちの意見を聞いて，子どもたちも参加して食事作りをした。葵さんも珍しく笑顔を見せていた。いよいよ食事の支度もでき，みんなで食事を始めることとなった。 　やはり葵さんは「いただきます」も言わず，交差させた箸で突き刺すように，おかずを口に運ぶ。その場は子どもたちみんなが楽しみにしている機会だったこともあって，私は雰囲気を大事にしたいと思い，つい大きな声で「葵ちゃん，『いただきます』言った？」「せっかくのお楽しみメニューなんだから，マナー守って楽しく食べよう」と言ってしまった。葵さんは少し唇をとがらせながら小さな声で「いただきます」と言ったが，私にはうまく聞き取れず，「葵ちゃん，いただきます」「それとお箸」と矢継ぎ早に言ってしまった。 　すると葵さんは「もういらない」とお箸を投げて，自分の部屋に行ってしまった。一緒に子どもたちの世話をしていた職員が葵さんをなだめてくれたが，結局は部屋から出てこないため，職員が食事を運ぶことになった。
事例検討に提示したい課題
葵さんの将来の自立のためにも，食事のマナーを身に付けることは大切だと思う。このような場面で実習生である私は，どのような関わりをすればよかったのか助言をしてほしい。私としては，その場の判断は妥当だったと思うが，しつけの方法がよくわからず，結果として関わりがうまくいかなかったと思っている。

4　事例検討の方法を体験的に学ぶ（演習28）

（1）演習の目的と内容

1）演習の目的

「事例検討ワークシート［記載例1〜3］」の中から1つを選んで事例検討を体験します。単なるグループディスカッションではない，「事例検討の際のルールを守りながら『事例から学ぶ』視点を大切に参加すること」を意識して事例検討を体験することが目的です。

2）演習の内容

ソーシャルワークは実践の学ともいわれます。ソーシャルワーカーはリッチモンド（M. E. Richmond）以来，実践をしてその事例を検討して評価を加え，新しい介入方法を模索してその専門性を高めてきました。また，ワーカーが自分の実践を洗練していくためには，自分の実践を開示してスーパービジョンを活用しながら自己研鑽に取り組んでいくことが不可欠です。

　この演習では，児童・障がい領域の実習体験の振り返りのために作成された事例を素材に，まず，事例検討の手順と参加者のマナーを体験的に学びます。事例検討は単なる思い出の振り返りではありません。

　次回の演習29では実際に自分たちが体験した事例を素材に事例検討を体験します。限られた時間の中で何らかの結論，つまり事例提供者が必要とする助言を提供できるよう，何らかの助言をとりまとめることが必要です。また，それぞれが事例検討での役割に応じて，専門職らしく事例検討の進行に協力することはチームアプローチの合議の練習でもあります。これらの点を意識しながら事例検討に参加してください。

3）この演習を体験するにあたって──演習への参加の仕方

　今回の演習ではまず，事例検討の進め方やチームでの役割分担を体験的に学びます。153〜158頁の事例検討シート［記載例1〜3］の3事例について，

「（2）演習の進め方」の手順に沿って，事例検討を体験します。まずは，「（2）演習の進め方」を一読して，専門職としての事例検討の進め方を確認しておきましょう。

　これまでも，「ソーシャルワーク演習」の授業やアクティブラーニングなどで，グループディスカッションを体験してきていると思います。この体験と今回の事例検討で大きく異なるのは，「自分の意見や考えを述べる」ことではなく，自分の知見を活かしながら，「事例提供者が必要とする助言」を提供し，かつ，検討を通して事例提供者が感じている不安やストレスを軽減できるような，エンパワメントを意識した話し合いを進めることです。

　その意味から，司会者の役割はいわば「舵取り」として大事ですし，参加者が満遍なく発言できるよう発言を促し，時間管理をして所定の時間の中で事例提供者が必要とする助言ができるよう，話し合いを調整していきます。無論参加者も司会者任せではなく，話し合いが事例提供者にとって有用な機会となるように，事例提供者に共感的な理解を寄せながらも，学んだ知識や自分の実習体験を思い出しながら，必要な助言ができるよう積極的な参加姿勢が求められます。

4）演習にあたっての事前学習

① 「実習体験の振り返りと事例検討の活用」（136～142頁）を再度読んでおきましょう。

② 3つの事例を読み込み，記載されている情報でわからない箇所があった場合には調べておきましょう。

（2）演習の進め方

　6～7人のグループを作り，各グループで事例検討（3事例）を体験してみます。1事例の発表時間は25分程度とします。

1）事例検討の役割分担［1事例の発表に対して］

① 司会者：1名

② 発題者（事例提供者）：1名　発表時間は10分程度

発題者になった学生は再度事例を熟読し，事例を作成した実習生になっ
たつもりで，事例を通じて提起している心情や問題意識に共感を寄せなが
ら発表しましょう。不足する情報など不安な点は授業担当教員に相談して
ください。

③ 記録者：1名

④ 参加者：上記以外のメンバー

2）事例検討会の開催

① 司会者は進行手順（時間・検討の順番等）の確認をします。検討時間は25
分です。

② 資料確認：提供された事例について資料枚数，印刷もれがないか確認し
ます。

③ 事例発表：事例提供者はあらかじめ定められた時間（10分程度）の中で
事例を説明します。事前に参加者が事例を読んでいることが前提ですので，
自分なりにポイントを絞って説明をしましょう。

④ 情報確認：事例発表が終わったら，参加者はあらかじめ用意してきた
「質問リスト」を参考にしながら，提供された事例について，よくわから
ない点，もう少し詳しく情報確認したい点などを事例提供者に質問します。

⑤ 検討課題の提示（事例提供者と参加者の間の情報確認）：事例提供者は参加
者から助言が欲しい課題とその理由を説明します。

⑥ 事例検討：司会者は時間管理をしながら，事例提供者の発題に対して参
加者の意見をうながします。

⑦ 検討結果の集約：所定の時間の終了が近づいたら，司会者はこの事例検
討会としての結論（事例提供者への助言）をまとめ，参加者の同意を得ます。

⑧ 事例提供者の評価：事例検討会の結果，どのようなことが整理でき，理
解できたのか，事例提供者から意見や感想を求めます。

⑨ 事例検討の終了：事例提供者の意見や感想に対して，参加者から特に意

　見や助言がなければ事例検討会を終了します。

（3）体験の考察

　事例検討は単なる他者体験への感想・意見交換会ではありません。ソーシャルワーカーとして自分や仲間の実践から学び，自分の実践を洗練していくための研修の機会でもあります。皆で積み上げた実践が「実践知」として，ワーカーの間に共有・理論化されることで，新しい知見が開発されていきます。

　ただし，このような実践に適切な評価を加えた事例検討となるためには，前回の演習で学んだように，まず資料が専門的検討の素材となるのに必要，十分な情報が，正確に言語化され整理されていることが必要です。

　そして，今回の演習で体験したように事例検討会，つまり話し合いによって何らかの結論や成果が言語化されて，それが事例提供者にとって自身の事例を見直し，自身の専門性の向上の役に立つようなスーパービジョンの機会となることが必要です。限られた時間の中でこのような成果をあげるためには，話し合いのマナーと技術も必要です。

　「傾聴」は面接場面だけでなく，こうした話し合いの場面でも，発言者の意図に沿った正確な理解をしようとする際に必要な姿勢です。また，相手の体験を「共感」的に理解できなければ相手に必要な助言はできません。

（4）振り返りの課題──事後学習

1）事例検討会をふまえて事例を修正する

　事例検討を体験して，再度自分が作成している事例を見直してみましょう。不足や不正確な情報について，実習中の資料などを参考にして修正しましょう。

2）事例検討会の振り返りをレポートにまとめる

　事例検討会での「結論にたどり着く話し合い」を体験して，自分自身の話

し合いへの参加の仕方についてどのような気づきがあったのか。具体例を挙げて振り返りをしましょう。

5　自分たちの事例を素材に事例検討を体験する （演習29）

（1）演習の目的と内容

1）演習の目的

実際に自分たちが作成した事例を素材に事例検討を体験します。前回の演習での体験を参考にして，今回は事例提供者，事例検討の参加者それぞれの立場から，ソーシャルワーカーらしい事例検討への参加の仕方を身に付けることを目的とします。

2）演習の内容

それぞれが実習体験をもとに作成した事例を素材に，グループメンバーとともにその体験の検証をしてみます。事例を提供することは実践を開示する（スーパーバイジーの体験をする）ことになりますし，事例検討に参加し意見を言うことは，ピアスーパービジョンのスーパーバイザーを体験することになります。

さらに，限られた時間の中で事例提供者が必要とする助言を提供できるよう，それぞれ事例検討会での役割分担をして，専門職らしい事例検討の進行に協力することはチームアプローチの合議の練習でもあります。

3）この演習を体験するにあたって──演習への参加の仕方

前回の演習28では，他者の事例（実際には架空事例でした）について事例検討の作法に則って検討をする体験をしました。今回の実習ではその学びを活かしながら，自分たちの体験した事例を検討します。

前回の事例と大きく異なるのは，特に事例提供者になった学生は自分の事例，つまり上手くいったことも，上手くいかなかったことも含めて自分の経験を公開することになります。前回は他者の経験だから自由に発言できたこ

とが，自分の体験に何かを言われれば何らかの感情を掻き立てられると思います。特に自分でも上手くいかなかったと思っている体験について，何か指摘されれば自信が揺らぐかもしれません。逆に自分ではうまくいったと感じている体験について，課題を指摘されることは心外なことかとも思います。

　今回の演習では，事例提供者の学生は事例を公開することで，揺れる自分自身をモニタリングしたり，参加者になった学生は自分の発言に反応する仲間の様子から自分をモニタリングしたり，事例を公開し皆で検討する体験から，感情的な非難に陥らないよう自省しながら，専門性をふまえて批判し合うことで学び合うことになります。

4）演習にあたっての事前学習

① 　事例検討の司会と記録者の役割の確認，ピアスーパービジョンでのスーパーバイザーの役割を確認しておきます。また，事例検討に参加する際，自分がどの役割を担当してもよいように準備しておきましょう。

② 　あらかじめ受け取っておいたグループメンバーの事例を一読して，内容を把握しましょう。事例の理解できない箇所は，事例検討の際に質問できるように「質問リスト」を作成しておきます。

（2）演習の進め方

　6 〜 7 人のグループを作り，各グループで事例検討（2事例）を体験してみます。1事例の検討時間は40分程度とします。2事例の発題者は担当教員から指示されます。

1）事例検討の役割分担［1事例の発表に対して］

① 　司会者：1 名

② 　発題者（事例提供者）：1 名　発表時間は15分程度

③ 　記録者：1 名

④ 　参加者：上記以外のメンバー

2）事例検討会の開催

① 司会者は進行手順（時間・検討の順番等）の確認をします。検討時間は40分です。

② 資料確認：提供された事例について資料枚数，印刷もれがないか確認します。

③ 事例発表：事例提供者はあらかじめ定められた時間（15分程度）の中で事例を説明します。事前に参加者が事例を読んでいることが前提ですので，自分なりにポイントを絞って説明をしましょう。

④ 情報確認：事例発表が終わったら，参加者はあらかじめ用意してきた「質問リスト」を参考にしながら，提供された事例について，よくわからない点，もう少し詳しく情報確認したい点などを事例提供者に質問します。

⑤ 検討課題の提示（事例提供者と参加者の間の情報確認）：事例提供者は参加者から助言が欲しい課題とその理由を説明します。

⑥ 事例検討：司会者は時間管理をしながら，事例提供者の発題に対して参加者の意見をうながします。

⑦ 検討結果の集約：所定の時間の終了が近づいたら，司会者はこの事例検討会としての結論（事例提供者への助言）をまとめ，参加者の同意を得ます。

⑧ 事例提供者の評価：事例検討会の結果，どのようなことが整理でき，理解できたのか，事例提供者から意見や感想を求めます。

⑨ 事例検討の終了：事例提供者の意見や感想に対して，参加者から特に意見や助言がなければ事例検討会を終了します。

（3）体験の考察

　今回の演習は，実際の実習体験を素材に作成した事例をもとに検討をしました。目前に実際に事例を体験した発題者がいる検討には，見知らぬ人の事例を「学び」として検討していた時とは異なる緊張感や不安，あるいは相手の気持ちを考えた配慮をしたことと思います。

　発題者であっても参加者であっても，お互いの中に芽生えたり，気が付いたりした感情については自分の中にとどめず，言語化して話し合いの機会をもつことができると，より一層専門性を洗練する体験となるでしょう。

　また，実際に事例を検討してみると，知識の必要性にも気づいたことと思います。事例や発題者の体験を理解するために知識が必要となることは無論，事例検討会の進め方やその場に生じている力動，さらには事例検討の体験から促された自分の気づきをスーパービジョンと関連づけて言語化して，自分の中にソーシャルワーカーらしい知見としてストックする機会でもあります。

　実習での体験に基づく事例は，ワーカーとして職場・職種・ソーシャルワーク，いずれかの実習体験をしたことの振り返りになったことと思います。記録に残したり仲間と振り返ったりするには，知識や介入方法と関連づけ，ワーカーらしい価値観を基盤に記述・発言できているか，お互いにモニタリングし合う姿勢も必要です。

　いかがでしょうか。これまで学んできた座学と実習での実学を関連づけて，主体的に学ぶ機会となったでしょうか。

（4）振り返りの課題──事後学習

　事例検討会を体験して，セルフスーパービジョン，ピアスーパービジョンからどのような気付きがあったか，具体例を挙げて振り返りをしてみましょう。

6　専門職としての実践基盤の構築──ソーシャルワーク演習の振り返り（演習30）

（1）演習の目的と内容

1）演習の目的

　この演習が，すべてのソーシャルワーク演習の最後の授業となります。その意味から今回の演習では，これまでのソーシャルワーク演習の学び全体を

ふまえて，自分自身の専門職としての実践基盤の習熟度の振り返りを目的としています。

　具体的な教材としては，演習26〜29で学んだ，自分自身の実際の実習体験を事例にまとめて検討課題を整理して考察を加えたことや，その事例を素材に仲間とともに実習での成果や課題の振り返りをした体験に焦点を当てます。これまで学んできた「自己開示」や「スーパービジョン」の活用によって，現在のソーシャルワーカーとしての自分をどのように自己覚知していくのか，仲間とともに振り返ります。

２）演習の内容

　演習26と27では自験事例が検討の素材となるよう，事例に生成することによって自分自身を振り返る（セルフスーパービジョン）体験をし，演習28で事例検討の作法の学びをふまえて，演習29ではその生成した事例を自分以外の人に提示（自己開示）し助言をしてもらう（ピアスーパービジョンを）体験をしました。これらの体験は事例をもとに，限られた時間の中で合理的かつ専門的なディスカッションをする事例検討（ケースカンファレンス）にすることと，仲間と一緒に支援方法を検討するチームアプローチを意識化する実践的な学びでもありました。

　こうした学びは実習を通じて皆さんが利用児・者との出会い，さまざまなエピソードを体験し，そこで支援の試行に調整したからこそ，「事例」の作成と「事例検討」が可能となりました。そしてこれらの学びの体験は「自己開示」「セルフスーパービジョン」「ピアスーパービジョン」の機会でもありました。

　そこで，この演習30では演習26〜29の体験を振り返ることによって，皆さんの中にソーシャルワーカーらしい専門職としての実践基盤（知識と技術と価値の統合）がどの程度構築されているか，仲間とともに評価を加えてみます。

3）この演習を体験するにあたって──演習への参加の仕方

「演習にあたっての事前学習」の項目に示してありますが，演習26〜29の体験について授業で作成した資料やメモを時系列（体験順）に整理しておきましょう。

その資料をもとに皆さんの中に「専門職としての実践基盤」（ソーシャルワーカーらしい支援の専門性の構え）がどの程度，活用可能な習熟度に達しているのか。そして，「セルフスーパービジョン」「ピアスーパービジョン」の機会をどの程度活用できているのか仲間とともに振り返っていきます。

従来と異なり，そこに自分自身の体験が素材としてあることが，有意義な学びの機会となるとともに，自分自身の体験に仲間や教員から専門性に依拠した客観的評価を受けることは，どこか不安や怖さを感じることと思います。誰でも自分の良いところを褒められるのは心地よいことですが，課題を指摘されたり，上手くできなかったりしたことを評価されるのは辛いことです。

しかし，ソーシャルワーカーはその職務として，利用児・者のプライバシーに深く関与し，利用児・者が自己実現に向けて困難に立ち向かっていく傍らに立つ際，時にはその課題を指摘したり，うまくできなかったことに評価を加えたりして，一緒に乗り越えようとします。その際にワーカーは，利用児・者に「自己開示」や「自己受容」を求めることになります。他者に求めるのであれば，まずワーカー自身にその取り組みができることが求められるのは，当たり前のことです。

また，ワーカーは自分自身を支援の道具として活用していきます。その道具の機能や状態を的確に把握して活用したり，さらに洗練したりするためにも，自らに誠実な評価をしておくことが必要です。この演習ではなにより，少しの勇気とともに誠実に自分自身と向かい合う姿勢が必要となります。

4）演習にあたっての事前学習

① 演習26〜29で作成したシートや資料，授業での気づきや学びのメモ，さらには事後学習の課題を体験の順番にそって整理し，この演習で参照でき

るようファイルにしておきましょう。

②　テキストや手元に残っている「ソーシャルワーク演習」の授業資料など
を通読してみましょう。特に作成したワークシートや振り返りシートなど
を通読して，時間や体験とともに「変化」（成長していく自分）を見つけて
みましょう。

（2）演習の進め方

1）自己評価①

次の項目について，演習26〜29の授業資料をもとに自己評価を加えてみま
しょう。あとでグループメンバーと一緒に振り返りをしますから，持参した
資料を参照して，振り返りの資料になるようメモを作成しておきましょう。

①　事例を作成する際に，実習中に作成した記録やメモはわかりやすく
整理・記録されていましたか。

ⅰ　体験した事実

ⅱ　そこで感じたこと（主観的記録）

ⅲ　そこで考えたこと（客観的記録）

②　事例を作成する際に，次の知識は自分の中に活用可能な程度に蓄積
されていましたか。

ⅰ　実習領域の法・制度，サービスに関する知識

ⅱ　実習領域の利用児・者の特性に関する知識

ⅲ　支援方法に関する知識

ⅳ　ソーシャルワーカーらしい表現を可能とする価値観の源泉となる
知識

③　事例を通じて，自分自身の支援方法はどの程度の習得レベルにある
と自己評価できましたか。

ⅰ　事例の体験に臨む姿勢や振り返りの姿勢の視座（パースペクティブ

の意識）

⑪　事例に顕在化している課題を，どのような範型から捉えようとしたか（モデルの意識）

⑫　事例のエピソードの中の自分自身が試行していた利用児・者への関わりに，活用できた具体的な方法やアプローチ

④　①～③の振り返りを通じて，ワーカーに必要とされる価値観を次のような機会に体現することは可能だったか。

①　利用児・者を個別化した視点や表現

⑪　利用児・者の人権の尊重を重視した言動や記録

2）自己評価②

　次の項目について，演習28と29の授業資料をもとに自己評価を加えてみましょう。これらについても，あとでグループメンバーと一緒に振り返りをしますから，持参した資料を参照して，振り返りの資料になるようメモを作成しておきましょう。

①　事例検討を通じて，自分が作成した事例をどのように評価できたか。

①　率直な自己開示ができていたか

⑪　事例は事例検討に参加した仲間と共有可能な，量と内容によって構成されていたか

⑫　事例は検討の素材とすることができるよう，根拠（エビデンス）に基づいた実践の再現になっていたか

②　事例検討はチームアプローチを意識した検討の機会となっていたか。

①　役割分担に応じた役割取得がなされ，その役割を遂行できたか

⑪　話し合いは検討の目的に沿って，お互いを尊重して話した誠実な意見交換の機会となっていたか

⑫　話し合いは自分や参加した仲間にとって，何らかの次の学びの示

唆となる結論にたどりついたか

3）自己評価を発表

　3～4人のグループを作ります。自己評価①と自己評価②を相互に発表して助言し合ってみましょう。また，次の点をお互いにエンパワメントを意識して伝え合ってみましょう。

　①　自己評価を仲間に伝えてみる

　　　自己評価①と②を通じて自分自身が実習や演習から，どのようなことが出来るようになり，どのようなことが課題であると認識できたか。「自己評価」をメンバーに伝えてみましょう。

　②　仲間とともに学びの成果を共有する

　　　メンバーの振り返り（自己評価）に対して，次の点を「他者評価」としてフィードバックしてみましょう。

　　　ⅰ　事例作成や事例検討の際に，よく活用できていた知識

　　　ⅱ　事例を通じて確認できた，支援方法の試行の適切な自己評価

　　　ⅲ　体験や振り返りを通じて，適切だったと判断できる自己開示

　　　ⅳ　全体を通して，今後取り組むとより専門性の向上が可能となる課題

（3）体験の考察

　今回の演習では，自験事例の作成と自験事例の検討を通じて出会ったソーシャルワーカーとしての自分について，自己評価をもとに共に学ぶ仲間とその成長を分かち合いました。さらには，これから養成校を卒業し実践現場でワーカーとして，利用児・者や地域住民とともに彼／彼女らの生活に生起する課題や地域の課題に取り組むことを前提に，残りの学びの日々でどのような専門職としての学習課題に取り組むことが必要なのかをお互いに助言し合

ってみました。

　「この演習を体験するにあたって」で述べたように，自分自身と誠実に出会い，その課題を認識し，より良い実践ができるようワーカーとしての専門性の向上・洗練に努めることは，ソーシャルワークの専門職としての当然の責務といえます。これまで何度も学んできた「ソーシャルワーカーの倫理綱領」にも，専門職としての倫理責任の一つとして，専門性の向上に努めることが規定されています。

　しかし，専門性を向上するために，具体的にどのような努力や取り組みをすればよいのか，それは実践を経験して初めて実感できることでもあります。しかし，その際にも何を目安に具体的な自己評価をすればよいのか，専門性や客観性の担保が可能となる「ものさし」のようなものが必要となります。何らかの「ものさし」，つまり自分自身を過剰に評価することも過小評価することもなく，妥当な評価を加えるための自己評価の基準には，思考の基盤となる専門的な知識やものの見方が必要となります。

　今回の演習ではほんの一部分ですが，専門職としての知識・技術・価値観の統合を実践（実習）で体現できたのかを，「事例を作成する」「事例を検討する」という作業を通じて，「ソーシャルワーカーとしての自分」として出会ってみました。少しの勇気と謙虚な姿勢があれば，こうした振り返りはいつでも可能です。ただし，今回のように誠実にその振り返りを共にしてくれる仲間がいれば，その振り返りは独りよがりにならず，より効果的な次の学びの課題（実践であれば実践力の向上の課題）の発見につながるはずです。

　養成校での「ソーシャルワーク演習」や「ソーシャルワーク実習指導」，さらには「ソーシャルワーク実習」を通じて積み重ねてきた，ソーシャルワーカーになるための意図的な体験とその振り返りを糧に，今後専門職らしい自己研鑽を継続してください。

（4）振り返りの課題──事後学習

① 今回の事例作成・事例検討を通じて，自分自身の成長と課題をどのように理解したか述べなさい（600字程度）。

② すべての演習を終えて，「自己開示」「自己覚知」が，ソーシャルワーカーになってソーシャルワーク実践に参与する者にとって必要不可欠な理由を，どのように理解しましたか。今後のソーシャルワーカーを目指す抱負と関連づけて述べなさい（600字程度）。

参考文献

一般社団法人日本ソーシャルワーク教育学校連盟編『ソーシャルワークの理論と方法［社会専門］』（最新社会福祉士養成講座⑥）中央法規出版，2021年。

日本ソーシャルワーク学会監修『ソーシャルワーカーのための研究ガイドブック──実践と研究を結びつけるプロセスと方法』中央法規出版，2019年。

索　引

執筆者紹介 （執筆順，所属，執筆分担）

渋谷　哲 （淑徳大学総合福祉学部教授・「学びが深まるソーシャルワーク演習」編集委員会代表：まえがき，本書の活用方法，第2章3・5）

西尾　孝司 （淑徳大学総合福祉学部教授：第1章）

山下　興一郎 （全国社会福祉協議会中央福祉学院主任教授・元淑徳大学総合福祉学部准教授：第2章1・2・4）

髙梨　美代子 （淑徳大学総合福祉学部助教：第3章）

米村　美奈 （淑徳大学総合福祉学部教授：第4章1・2，第5章2・4，第6章1（1））

稲垣　美加子 （淑徳大学総合福祉学部教授：第4章3，第5章1・3・5，第6章1（2）・2・3・3事例検討ワークシート記載例3・4・5・6）

山下　幸子 （淑徳大学総合福祉学部教授：第4章4・5，第6章3事例検討ワークシート記載例1・2）

学びが深まるソーシャルワーク演習 実践編

2023年4月30日　初版第1刷発行　　　〈検印省略〉

定価はカバーに
表示しています

編　者	「学びが深まるソーシャル ワーク演習」編集委員会
発 行 者	杉　田　啓　三
印 刷 者	中　村　勝　弘

発 行 所　株式会社　ミネルヴァ書房
607-8494　京都市山科区日ノ岡堤谷町1
電話代表　（075）581-5191
振替口座　01020-0-8076

ISBN978-4-623-09566-7

Printed in Japan

学びが深まるソーシャルワーク演習

「学びが深まるソーシャルワーク演習」編集委員会 編
A5判／300頁／本体2800円

学びが深まるソーシャルワーク実習

「学びが深まるソーシャルワーク実習」編集委員会 編
A5判／224頁／本体2600円

福祉は「性」とどう向き合うか

結城康博・米村美奈・武子愛・後藤宰人 著
四六判／244頁／本体2200円

主体性を引き出すOJTが福祉現場を変える

津田耕一 著
A5判／232頁／本体2500円

福祉専門職のための統合的・多面的アセスメント

渡部律子 著
A5判／272頁／本体2800円

──────── **ミネルヴァ書房** ────────

https://www.minervashobo.co.jp/